la santé au menu

Recettes faibles en gras et riches en fibres

Par Karen Graham

Diététiste professionnelle

Éducatrice agréée en diabète

LES ÉDITIONS DE L'HOMME

Une compagnie de Quebecor Media

Photographe : Brian Gould, Brian Gould Photography Inc.
Stylisme culinaire : Judy Fowler
Illustrations : Sandi Storen
Traduction : Services de traduction Freynet-Gagné : Hélène Côté et Christiane Gauthier
Collabotation à la traduction : Françoise Schetagne

Illustration p. 126-127 : © iSockphoto.com/MehmetCon
Photographie de la couverture : Tacos (page 190-191)

Remerciements à Louise Desmarais pour sa précieuse collaboration.

**Catalogage avant publication de
Bibliothèque et Archives Canada**

Graham, Karen
    La santé au menu

    Traduction de : Meals for Good Health.
    Publié en collaboration avec : Diabète Québec.

    1. Diabète - Diétothérapie - Recettes.   2. Cœur - Maladies - Diétothérapie -
Recettes.   3. Régimes hypolipidiques - Recettes.
    I. Titre.

RC662.G7314 2005   641.5'6314   C2005-941210-0

DISTRIBUTEUR EXCLUSIF :

Pour le Canada et les États-Unis :
MESSAGERIES ADP*
2315, rue de la Province
Longueuil, Québec J4G 1G4
Téléphone : 450 640-1237
Télécopieur : 450 674-6237
Internet : www.messageries-adp.com
* filiale du Groupe Sogides inc.,
    filiale du Groupe Livre Quebecor Media inc.

10-10

© 2008, Durand & Graham Ltd. (textes, photos et illustrations)
© 2008 Robert rose Inc. (couverture et maquette intérieure)

Traduction française :
© 2010, Les Éditions de l'Homme,
division du Groupe Sogides inc.,
filiale du Groupe Livre Quebecor Media inc.
(Montréal, Québec)

Tous droits réservés

L'ouvrage original a été publié
par Robert Rose Inc.
sous le titre *Canada's Diabetes Meals for Good health*

Dépôt légal : 2010
Bibliothèque et Archives nationales du Québec

ISBN 978-2-7619-2785-7

Gouvernement du Québec – Programme de crédit d'impôt pour l'édition de
livres – Gestion SODEC – www.sodec.gouv.qc.ca

L'Éditeur bénéficie du soutien de la Société de développement des entre-
prises culturelles du Québec pour son programme d'édition.

Le Conseil des Arts du Canada
The Canada Council for the Arts

Nous remercions le Conseil des Arts du Canada de l'aide accordée à notre
programme de publication.

Nous remercions le gouvernement du Canada de son soutien financier pour
nos activités de traduction dans le cadre du Programme national de traduction pour l'édition du livre.

Nous reconnaissons l'aide financière du gouvernement du Canada par
l'entremise du Fonds du livre du Canada pour nos activités d'édition.

Table des matières

Remerciements

Je voudrais tout d'abord remercier tous ceux qui utilisent *La santé au menu* pour atteindre l'objectif de la santé. Vous m'avez dit que ce livre vous avait aidés à perdre du poids et à réduire votre taux de cholestérol, votre tension artérielle et votre glycémie (taux de sucre sanguin). En tant qu'auteur, je n'ai pas de plus grande satisfaction que celle de savoir que j'ai pu aider mes lecteurs.

Je voudrais également remercier les organismes qui ont, à travers les années, offert leur soutien ou leur partenariat aux versions précédentes du livre. Un merci spécial à l'Association canadienne du diabète, à Diabète Québec, au Secrétariat national à l'alphabétisation, au Lions Club de Portage la Prairie, à Santé Canada, à l'Association nationale autochtone du diabète et à Maytag Canada. Merci à Marc Aras, de Diabète Québec, pour la vérification de la version française du livre. Toutes les analyses nutritionnelles contenues dans cet ouvrage ont été effectuées par la diététiste assignée par l'Association canadienne du diabète, Kathy Younker, et ont été approuvées par ce même organisme.

Il est vrai qu'une image vaut mille mots. Merci donc à Brian Gould et à Judy Fowler pour leurs habiletés et leur talent artistique et pour avoir réussi à réaliser des photos réalistes et exquises.

Merci à ma sœur et collaboratrice, Janice Madill; durant les dix dernières années, tu m'as guidée avec vision et sagesse. Merci à mes parents, Marg et Bill Graham, pour leurs innombrables relectures du manuscrit, et à mon frère, Douglas Graham. Merci aux diététistes qui ont révisé cette édition ou la première: Kristin Anderson, Caroline Gariépy, Wendy Graham, Cynthia Abbott Hommel, Nina Kudriakowski, Dr Diane Morris, Catherine Noulard, Claire Robillard, Gina Sunderland et Kathy Younker.

Le concept de *La santé au menu* est né il y a plus de dix ans à la suite d'un remue-ménages et de discussions avec mon mari, Rick Durand. Merci, Rick, pour tes idées, tes commentaires, ton humour, ton encouragement de tous les instants et ton amour – tu as été d'une aide précieuse à chaque étape du travail. Nos enfants, Carl et Roslyn, ont grandi avec ce livre et sont eux-mêmes devenus de grands supporteurs des principes de santé qu'il propose – merci pour votre enthousiasme et pour avoir rendu cette aventure encore plus réjouissante et complète.

Comment utiliser ce livre

La santé au menu vous aidera à apporter à votre alimentation des changements importants qui bénéficieront à votre santé.

Lisez la première partie du livre afin de bien comprendre comment utiliser ce livre pour planifier vos repas.

Cet ouvrage contient de belles photos grandeur nature que vous aurez du plaisir à regarder, mais il renferme beaucoup plus que des recettes et des photos. Il vous offre une méthode très simple pour gérer votre apport quotidien en calories (de 1200 à 2200 calories) grâce à de délicieux repas et collations. J'ai calculé pour vous toutes les calories afin que vous puissiez planifier facilement vos repas. Deux photos accompagnent chacune des recettes. La photo grandeur nature représente le gros repas tandis que la plus petite vous permet de voir le petit repas. Vous pouvez ainsi avoir une idée exacte de la grosseur réelle d'une portion. La première partie du livre (pages 5 à 10) vous indiquera comment procéder.

> *Consultez une diététiste, un éducateur en diabète ou un médecin.*
> *Si vous avez des questions au sujet de votre alimentation ou du diabète, consultez un professionnel de la santé.*

Les dix changements de Karen Graham pour une bonne santé (pages 11 à 29)

Des conseils pratiques pour vous aider à vous sentir mieux, à perdre du poids ainsi qu'à réduire votre taux de cholestérol, votre tension artérielle et votre glycémie. Commencez par faire un ou deux changements. Lorsque vous êtes prêt à en faire davantage, consultez de nouveau cette section et relisez-la.

Les groupes alimentaires (pages 31 à 41)

Après avoir lu les textes concernant les groupes alimentaires, vous comprendrez mieux l'importance de manger une variété d'aliments riches en nutriments à chaque repas (tel que vous le verrez sur les photos des repas présentées dans ce livre). Une bonne alimentation permet de prévenir les maladies et est essentielle à une bonne santé.

Repas, recettes et collations (pages 43 à 285)

Nous vous offrons un choix de 70 repas complets, de 100 recettes et de plus de 100 collations. Les sections sont faciles à identifier grâce à un code de couleurs (voir page 6).

Code de couleurs des sections du livre

Idées pour vivre sainement	Comment utiliser ce livre Les dix changements de Karen Graham pour une bonne santé Les groupes alimentaires
Quinze suggestions de déjeuners	Tous les gros repas contiennent 370 calories Tous les petits repas contiennent 250 calories
Quinze suggestions de dîners	Tous les gros repas contiennent 520 calories Tous les petits repas contiennent 400 calories
Quarante suggestions de soupers	Tous les gros repas contiennent 730 calories Tous les petits repas contiennent 550 calories
Quatre groupes de collations	Les collations à faible valeur calorique contiennent 20 calories ou moins Les petites collations contiennent 50 calories Les collations de grosseur moyenne contiennent 100 calories Les grosses collations contiennent 200 calories

Choisissez votre plan alimentaire

Ce livre vous offre des gros repas, des petits repas et des collations de différentes grosseurs. Cette section vous aidera à choisir la grosseur de vos repas et le nombre de collations dont vous avez besoin chaque jour.

Les portions varieront pour chaque membre de votre famille. Les petits repas suffiront à la plupart des petits enfants et des adultes plus âgés qui sont moins actifs sur le plan physique. Les enfants et les adolescents en pleine croissance et les adultes qui sont actifs physiquement pourraient quant à eux avoir besoin de portions plus grosses que celles des gros repas et des grosses collations. Les enfants et les adolescents, ainsi que les femmes enceintes et celles qui allaitent, devraient boire une tasse de lait à chaque repas afin de combler convenablement leurs besoins en calcium.

Il existe deux façons de planifier vos repas :

- Utilisez la règle générale.
- Servez-vous de vos mains pour évaluer la grosseur des portions.

Suivez les règles générales

Si vous tentez de perdre du poids, voici la règle générale :
- Les femmes devraient prendre de 1200 à 1800 calories par jour.
- Les hommes devraient prendre de 1500 à 2200 calories par jour.
Utilisez la charte du plan alimentaire quotidien (page 8) pour choisir le vôtre.

Pour connaître le nombre de calories dont vous avez besoin chaque jour, consultez la section « besoins énergétiques » du site Web de Santé Canada.

*Mise en garde : **Si vous prenez des médicaments pour le diabète, le cœur ou l'hypertension ou de l'insuline.***
Si vous réduisez votre apport alimentaire ou augmentez votre niveau d'exercice, vous aurez peut-être besoin d'une dose inférieure de médicaments ou d'insuline. Si vous vous sentez faible, étourdi ou que vous trembliez lorsque vous faites de l'exercice, avant les repas ou au lever, il est possible que vous deviez ajuster votre médication. Consultez votre médecin. N'apportez aucun changement à vos doses de médicaments ou d'insuline avant de consulter un professionnel de la santé.

Ne vous pesez pas plus d'une fois par mois

En effet, le poids de notre corps augmente ou diminue chaque jour de 1 ou 2 lb (0,5 ou 1 kg) ; ce n'est donc pas une bonne idée de se peser tous les jours. Si vous vous pesez une fois par mois, vous allez remarquer une baisse graduelle de votre poids. Si vous perdez 1 ou 2 lb (0,5 ou 1 kg) par mois, c'est bien, parce que ce poids est vraiment perdu.

Si vous n'avez pas de pèse-personne, demandez à votre médecin, diététiste ou professionnel de la santé de vous peser au moins une fois par an.

Si vous avez un excédent de poids de plus de 40 ou 50 lb (18 ou 23 kg), il vous a probablement fallu 10 ans ou plus pour gagner ce poids. Attendez-vous à perdre du poids lentement. Pour n'importe quelle personne, la perte de 10 lb (4,5 kg) en un an est un énorme succès.

Une fois que vous avez sélectionné votre plan alimentaire, vous pouvez combiner vos plats sans jamais plus vous soucier des calories. Tout a été pensé pour vous.

A. Charte du plan alimentaire quotidien

• petits repas sans collation	1200 calories
• petits repas avec deux petites collations	1300 calories
• petits repas avec une petite collation et deux moyennes	1450 calories
• petits repas avec une petite collation, une moyenne et une grosse	1550 calories
• gros repas sans collation	1620 calories
• gros repas avec deux petites collations	1720 calories
• gros repas avec une petite collation et deux moyennes	1870 calories
• gros repas avec une petite collation, une moyenne et une grosse	1970 calories
• gros repas avec trois grosses collations	2220 calories

B. Faites votre propre plan d'alimentation

Au lieu d'utiliser la charte, vous pouvez créer votre plan alimentaire personnalisé. Vous pouvez combiner différentes grosseurs de repas et de collations, selon votre horaire et votre style de vie. Par exemple :

Repas	Calories
Gros déjeuner	370
Petite collation	50
Petit dîner	400
Grosse collation	200
Gros souper	730
Collation moyenne	100
Nombre total de calories	1850

Pour les petits repas

• le déjeuner contient 250 calories ;
• le dîner contient 400 calories ;
• le souper contient 550 calories.

Pour les gros repas

• le déjeuner contient 370 calories ;
• le dîner contient 520 calories ;
• le souper contient 730 calories.

Pour les collations

• une collation faible en calories contient 20 calories ou moins ;
• une petite collation contient 50 calories ;
• une collation moyenne contient 100 calories ;
• une grosse collation contient 200 calories.

Utilisez votre main comme instrument de mesure

- Allez aux pages 114-115, à la photo grandeur nature du Souper 1.
- Si la paume de votre main a la grandeur de 1 ½ poitrine de poulet et si votre poing a la grandeur d'environ 1 ½ patate, alors optez pour les gros repas.
- Si la grandeur de votre main se rapproche plus de la taille d'un morceau de poulet et d'une patate (voir photo ci-dessous), alors les petits repas seraient plus adéquats pour vous.
- Vous devriez inclure plusieurs collations dans votre plan alimentaire quotidien. Mais si vous essayez de perdre du poids, vous aurez peut-être à choisir les petites collations ou les collations à faible valeur calorique.
- Avec le temps, selon que vous aurez perdu ou gagné du poids, vous pourrez ajuster la grosseur de vos repas et le nombre de collations.

Petit repas

Préparez les plats et les recettes

Les 100 recettes du livre sont :
- faciles à faire ;
- peu coûteuses et requièrent des ingrédients utilisés couramment ;
- faibles en matières grasses ou en sucre ;
- bonnes pour toute la famille ;
- faciles à congeler.

À la fin de chaque section, vous trouverez un plat de réjouissance (Déjeuner 15, Dîner 15 et Souper 40). Ces repas requièrent une préparation un peu plus longue ou quelques ingrédients additionnels, mais le nombre de calories est le même, ce qui en fait des repas spéciaux qui conviennent parfaitement à votre plan alimentaire.

Vérifiez le nombre de portions pour chaque recette. Certaines recettes peuvent nourrir jusqu'à six personnes. Si vous vivez seul, vous voudrez sûrement couper la recette en deux. Si vous cuisinez pour une famille nombreuse, vous pouvez doubler la recette. Vous pouvez conserver les restes en toute sécurité trois jours au réfrigérateur, ou les congeler pour les manger ultérieurement.

Mesurez vos verres et vos bols
Vos verres ainsi que vos bols à céréales ou à soupe peuvent avoir des formes différentes de ceux montrés sur les photos de recettes. Remplissez une tasse à mesurer d'eau et versez l'eau dans vos verres et vos bols. Vous saurez alors quelle quantité ils peuvent contenir.

Conseil pratique
En optant pour de plus petits verres et de plus petits bols, vous aurez plus de facilité à réduire vos portions.

Les dix changements de Karen Graham pour une bonne santé

1. Déjeunez le matin
2. Mangez des portions adéquates
3. Faites le plein de fruits et de légumes
4. Mangez moins de matières grasses
5. Buvez plus d'eau
6. Réduisez votre consommation de sucre
7. Réduisez votre consommation de sel et d'alcool
8. Faites des achats judicieux
9. Limitez les repas au restaurant
10. Faites de la marche

1. Déjeunez le matin

Lorsque vous déjeunez, vous avez un regain d'énergie. Votre corps se réveille et commence à utiliser vos graisses corporelles. Lorsque vous mangez trop pendant la soirée, votre corps emmagasine l'énergie.

Je vous suggère deux changements : commencez la journée par un petit déjeuner et mangez moins le soir.

La grosseur des portions et les descriptions des repas contenues dans ce livre respectent celles que vous trouverez dans Guide pratique: la planification de repas sains en vue de prévenir ou de traiter le diabète *(Association canadienne du diabète 2007).*

2. Mangez des portions adéquates

Mangez les portions indiquées dans les divers types de repas et collations afin de consommer tous les nutriments et les calories dont vous avez besoin. Les pages 7 à 9 vous aideront à choisir des portions qui vous conviennent.

Mangez lentement pour ne pas trop manger. Déposez votre fourchette, votre couteau et votre cuillère après chaque bouchée. Buvez de l'eau pendant les repas. Éteignez la télé et concentrez-vous sur ce que vous mangez. Gardez les restes pour le repas suivant.

Utilisez des assiettes et des verres plus petits
Vos petites portions auront l'air plus grosses si vous utilisez des assiettes et des verres plus petits et elles vous satisferont davantage.

Les petits verres étroits sont un meilleur choix

Un verre de jus de 4 ou 6 oz (125 ou 175 ml) ne vous semble pas suffisant ? En fait, des études ont démontré qu'en moyenne nous buvons et mangeons la quantité qui est devant nous et que nous pouvons être tout aussi satisfaits avec une quantité plus petite. À l'aide d'une tasse à mesurer, vérifiez la quantité de liquide contenue dans vos verres et utilisez chaque jour des verres plus petits. Sur cette photo, les deux verres de jus ne semblent pas très différents l'un de l'autre. Pourtant, celui de droite contient *trois fois plus* de jus que celui de gauche. Cela représente 7 c. à thé (35 ml) de sucre en plus !

4 onces
60 calories

12 onces
180 calories

3. Faites le plein de fruits et de légumes

Ces aliments sont naturellement faibles en matières grasses et riches en fibres, en vitamines et en minéraux. Faites le plein de légumes faibles en calories (voir la liste à la page 149).

Si vous mangez plus de fruits et de légumes, vous trouverez plus facile de manger moins de viande, de matières grasses, de desserts et de grignotines riches en lipides. Vous aurez ainsi une alimentation saine et équilibrée qui comblera votre appétit sans fournir de calories superflues. **Voir l'exemple à la page suivante.**

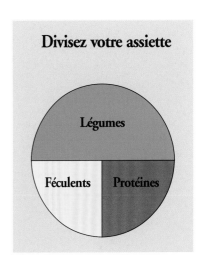

Divisez votre assiette

Légumes

Féculents

Protéines

Divisez votre assiette

Protéines

Le quart de votre assiette devrait
contenir des protéines, soit de
la viande rouge, du poulet, du
poisson ou des légumineuses.

Féculents

Le dernier quart de votre assiette
devrait contenir des féculents
comme des pommes de terre,
du riz, des pâtes alimentaires ou
du pain.

Légumes
Essayez d'inclure deux légumes pour remplir la moitié de votre assiette.

15

4. Mangez moins de matières grasses

Quelques types de lipides, appelés «bons lipides», favorisent la santé de votre cœur (voir page 41).

La diminution de votre consommation de lipides (matières grasses) est un changement important que vous pouvez faire pour réduire votre taux de cholestérol sanguin, conserver votre cœur en santé, traiter votre diabète et diminuer le risque de certains types de cancer. Comme les lipides sont riches en calories, cela vous aidera aussi à perdre du poids. Diminuez surtout votre consommation de «mauvais lipides».

Les mauvais lipides

Ces lipides doivent être consommés avec modération.

Les graisses saturées, que l'on trouve dans :
- le saindoux, le beurre, les sauces brunes ;
- les viandes, telles que le bœuf, le porc, l'agneau, le poulet et la dinde ;
- les viandes transformées, telles que le bacon, le saucisson de Bologne, le salami, les saucisses, le pâté de foie et les viandes en conserve ;
- les œufs, les fromages à pâte dure et le fromage cottage riches en matières grasses, le fromage à la crème, la crème, la crème sure riche en matières grasses et le lait entier ;
- la crème glacée, le chocolat, les biscuits et les pâtisseries ;
- les aliments frits et les aliments de restauration rapide, comme les frites, le poulet frit, les hamburgers et les hot-dogs ;
- la noix de coco, l'huile de noix de coco et l'huile de palmier.

Le cholestérol, que l'on trouve dans :
- la plupart des produits d'origine animale énumérés ci-dessus ;
- le foie et les autres abats.

Les graisses trans sont produites par l'homme à partir d'huiles végétales et on les trouve dans :
- le shortening, la margarine dure et la margarine hydrogénée ;
- les aliments transformés contenant des graisses hydrogénées ou partiellement hydrogénées, tels que les frites, les croustilles, le pop-corn au micro-ondes, le beurre d'arachide hydrogéné, les craquelins, les biscuits et les pâtisseries, telles que les beignes ;
- on trouve aussi des graisses trans à l'état naturel, en plus petite quantité, dans certains aliments d'origine animale, tels que le bœuf, le saucisson de Bologne, le beurre et les matières grasses du lait.

La modération et le contrôle des portions sont les meilleures recommandations pour la santé

Dans *La santé au menu,* on recommande de consommer moins fréquemment et en plus petites portions les plats contenant une plus forte proportion de graisses saturées, trans ou de cholestérol, pour avoir une consommation raisonnable de lipides totaux. Par exemple, les plans alimentaires recommandent :

- de petites portions de viande et d'autres protéines ;
- des produits laitiers faibles en matières grasses, tels que le lait écrémé ;
- de petites portions de desserts et grignotines ;
- des quantités limitées de tartinades, que ce soit de la margarine, du beurre ou de la mayonnaise.

Visite à l'épicerie :
la chasse aux matières grasses cachées

- La quantité de lipides est indiquée en grammes dans le tableau de la valeur nutritive affiché sur les étiquettes des aliments; 5 g de lipides correspondent à 1 c. à thé. Les portions indiquées varient selon les produits. Si vous mangez trois craquelins qui contiennent 5 g de lipides, c'est comme si vous mangiez 1 c. à thé de lipides. C'est beaucoup de matières grasses cachées! Une portion de trois craquelins fournissant 2 g de lipides ou moins serait un meilleur choix.

- Les aliments « légers » contiennent parfois moins de lipides que les produits réguliers. Comparez les étiquettes pour choisir les produits qui contiennent le moins de lipides. Par exemple, le chocolat chaud *léger* contient moins de lipides et moins de sucre que le chocolat chaud ordinaire. Attention cependant, la mention « léger » sur un produit peut simplement vouloir dire qu'il a une couleur ou une texture claire. Lisez les étiquettes avant d'acheter.

- Les aliments *faibles en gras* sont habituellement de bons choix, car ils contiennent moins de graisses végétales et animales que les produits réguliers. Une portion d'aliments faibles en gras doit contenir moins de $^1/_2$ c. à thé (2 ml ou 3 g) de lipides environ. Choisissez de la mayonnaise, de la margarine et du fromage faibles en gras.

- Les aliments à *teneur réduite en calories* sont également de bons choix, parce qu'ils contiennent moins de calories que les produits réguliers. Ils contiennent moins de lipides et de sucre.

- Une c. à soupe (15 ml) de vinaigrette *sans gras* ou *sans huile* ou de crème sure *sans gras* contient très peu de lipides et de calories. Ces produits sont habituellement de bons choix.

- Lorsqu'on trouve les mentions « sans gras trans » ou « sans cholestérol » sur une étiquette, l'aliment peut quand même contenir une quantité élevée de graisses végétales et de calories. Par exemple, les frites surgelées portant la mention « sans gras trans » ne sont pas « faibles en lipides » puisqu'elles sont préparées avec de l'huile végétale. Rappelez-vous que tous les types de graisses animales et végétales fournissent le même nombre élevé de calories par gramme.

Sur les étiquettes, la présence de graisses trans est aussi indiquée par les termes suivants :
- *« huile végétale hydrogénée » ;*
- *« huile de palme hydrogénée » ;*
- *« partiellement hydrogéné » ;*
- *« shortening végétal ».*

Consultez les étiquettes et choisissez les aliments qui sont :
- *faibles en gras ;*
- *à teneur réduite en calories ;*
- *sans gras ;*
- *à faible teneur en sucre ;*
- *« légers » en calories.*

Un aliment qui contient moins de 10 calories par portion n'aura pas d'effet sur votre poids.

Note : *sur une étiquette, la mention % M.G. (pourcentage de matières grasses) indique la quantité de matières grasses dans un produit comme le lait ou le fromage. Choisissez le produit qui contient le plus faible pourcentage de matières grasses.*

Je vous suggère d'éviter les rayons des pâtisseries, des croustilles et des biscuits lorsque vous allez à l'épicerie.

- Voyons maintenant la quantité de matières grasses présentes dans le lait et quel est le meilleur type de lait pour la plupart des adultes. Dans le lait entier, la moitié des calories proviennent des matières grasses. C'est trop. Dans le lait 2 %, il y a moins de matières grasses que dans le lait entier. Dans le lait 1 %, il reste encore un quart des calories qui viennent des matières grasses. Le lait écrémé ne contient pas de matières grasses, c'est donc le meilleur choix pour la plupart des adultes. Il faut peut-être un certain temps pour s'habituer au goût du lait écrémé, mais c'est une boisson rafraîchissante.

- Achetez moins de viandes froides, comme le salami, le saucisson de Bologne, les saucisses et le bacon. Ces viandes contiennent beaucoup de lipides. Choisissez plutôt des tranches de jambon, de poulet, de dinde ou de rôti de bœuf maigres. Dans ce livre, quelques repas contiennent des viandes grasses, comme des saucisses, mais vous verrez que les portions sont petites.

- Finalement, vérifiez la quantité de lipides et de sucre dans les biscuits, les gâteaux et les grignotines. Il existe de nombreux craquelins faibles en gras comme les biscuits soda, les biscottes Melba et les galettes de riz. Vous devriez également trouver des grignotines cuites au four avec moins de matières grasses ajoutées, comme des croustilles de maïs au four. Ce sont de meilleurs choix.

- Tous les biscuits et gâteaux contiennent des lipides et du sucre, mais les biscuits à l'arrowroot, les biscuits à thé, les sablés et le gâteau des anges sont moins riches en lipides que les autres.

- Sur certains biscuits ou tablettes de chocolat, on trouve la mention *teneur réduite en glucides* ou *sans sucre*. Ces aliments peuvent toutefois contenir des édulcorants artificiels comme le sorbitol. Comme ils contiennent souvent des matières grasses ajoutées, ils peuvent fournir plus de calories que les produits réguliers. Lisez soigneusement les étiquettes.

- Vérifiez la liste des ingrédients sur les produits emballés. Les premiers ingrédients sur la liste sont toujours les principaux ingrédients. Par exemple, lorsque l'« huile végétale ou de palme » est au début de la liste, vous constatez que l'aliment est riche en lipides. Si le premier ingrédient est le sucre, le miel ou le glucose, cela signifie que le produit contient beaucoup de sucre.

Voici d'autres trucs pour vous aider
à consommer moins de matières grasses

Ajoutez moins de matières grasses à vos aliments

Avant d'ajouter du beurre, de la margarine, de la mayonnaise, de la crème ou de la sauce, demandez-vous si vous en avez vraiment besoin. Essayez d'en manger moins. Utilisez une petite quantité de produits faibles en gras ou sans gras comme garniture ou tartinade.

Enlevez la graisse de la viande et la peau du poulet et du poisson

Enlevez la graisse visible de la viande et la peau du poulet, de la dinde ou du poisson avant la cuisson. Le poulet et le poisson avec la peau sont presque aussi gras que les viandes rouges.

Cuisinez sans ajouter de matières grasses

De nombreux aliments peuvent être cuits sans matières grasses. On peut les faire bouillir, griller, cuire à la vapeur ou au barbecue. Essayez le poisson à la vapeur, le poulet grillé ou le bœuf au barbecue. Si vous souhaitez de temps en temps manger des aliments frits, utilisez une poêle anti-adhésive et n'ajoutez pas de matières grasses. Vous pouvez faire cuire vos aliments dans une poêle épaisse avec un peu d'eau ou de bouillon, ou utiliser un enduit anti-adhésif en vaporisateur.

Mangez de plus petites portions de viande, de poulet et de poisson

Maintenant que vous avez enlevé la graisse visible, il faudrait manger de plus petites portions de viande, de poulet et de poisson. Même s'ils sont maigres, ces aliments contiennent des matières grasses cachées.

Assaisonnez vos légumes autrement

Faites cuire légèrement les légumes pour qu'ils soient plus sains et savoureux. Plutôt que d'utiliser du beurre ou de la margarine, ajoutez du jus de citron ou des épices. Vous pouvez également les saupoudrer d'aneth, de persil, de poivre ou d'ail.

Mettez moins de matières grasses dans vos sandwiches

Tartinez vos sandwiches d'un tout petit peu de salsa, de moutarde, de relish ou de mayonnaise légère plutôt que de beurre ou de margarine.

> ### *Trucs pour une cuisine faible en gras*
>
> *Diminuez de moitié les quantités de matières grasses indiquées dans les recettes de gâteaux et de muffins. Pour qu'ils demeurent moelleux, ajoutez un peu de lait écrémé, de yogourt ou de compote de pommes, comme dans la recette de muffins à la page 58.*

Tous les types de matières grasses (saindoux, beurre, margarine ou huile) fournissent le même nombre de calories.

Utilisez-vous du beurre ou de la margarine ?

De nombreuses personnes me confient qu'elles n'utilisent que de l'huile végétale à 100 % ou de la margarine sans cholestérol ou sans graisses trans. Ces choix sont excellents.

Les graisses végétales contiennent le même nombre de calories que le beurre ou le saindoux, qui sont des gras d'origine animale. Les graisses font engraisser, qu'elles soient d'origine végétale ou animale. Nous devons tenter de réduire notre consommation de matières grasses de toutes sortes.

Nombreux sont ceux qui croient que le pain et les pommes de terre font engraisser ; ils en réduisent la consommation. En fait, ce sont souvent les matières grasses que l'on ajoute sur le pain ou les pommes de terre qui font engraisser, par exemple :
- la margarine que l'on tartine sur notre pain ;
- le beurre ou la crème sure que l'on ajoute sur les pommes de terre au four ;
- l'huile dans les frites ou les croustilles.

La réduction des matières grasses ajoutées est un meilleur choix pour la santé. Incorporez une petite ou moyenne pomme de terre à un repas équilibré, accompagnée de seulement 1 c. à soupe (15 ml) de crème sure et d'oignons verts pour en rehausser le goût.

**Félicitations!
Les changements nécessitent
du temps et des efforts.
Ils vous feront le plus grand bien !**

5. Buvez plus d'eau

Les diététistes suggèrent de boire huit verres d'eau chaque jour, soit l'équivalent d'une bouteille de deux litres. De nombreuses personnes consomment la majeure partie de leur eau dans le café, le thé, les jus ou les boissons gazeuses. Mais notre corps n'a pas besoin de la caféine ou du sucre contenus dans ces boissons. Vous pouvez continuer à boire du café, du thé ou des boissons gazeuses *diète,* mais buvez aussi beaucoup d'eau. C'est le meilleur choix sans calories.

Le corps a besoin d'eau pour bien fonctionner. L'eau favorise l'utilisation des réserves de graisse du corps et l'élimination intestinale. Elle vous empêche de vous déshydrater lorsque vous faites de l'exercice.

Voici quelques trucs pour vous aider à boire de l'eau.

> *Vous avez besoin de plus d'eau ou d'autres liquides lorsqu'il fait chaud ou que vous faites de l'exercice. Si vous avez une petite constitution, six verres par jour peuvent vous suffire. Si vous avez une forte constitution, vous pourriez avoir besoin de huit verres ou plus.*

Aide-mémoire
Souvent, on oublie tout simplement de boire. Si vous aimez l'eau fraîche, conservez une bouteille ou une carafe d'eau dans votre réfrigérateur. Gardez un verre sur la table ou sur votre bureau. Lorsque vous verrez la carafe ou le verre, vous penserez à boire.

Buvez de l'eau le matin
Nous avons naturellement soif au réveil. Buvez dès que vous vous levez.

Buvez de l'eau aux repas
Prenez l'habitude de boire un verre d'eau ou plus lors de vos repas ou collations. Ajoutez une tranche de citron pour lui donner un goût rafraîchissant.

Buvez de l'eau chaque fois que vous avez faim
L'eau remplit l'estomac et vous donne l'impression d'être rassasié, donc vous mangez moins.

L'eau est source de vie.
Vivifiez votre corps !

6. Réduisez votre consommation de sucre

On trouve du sucre à l'état naturel dans les fruits, les légumes et même le lait. L'amidon contenu dans le pain et les céréales est transformé en sucre lors de la digestion. Tous les sucres fournissent de l'énergie. Ces aliments contiennent en outre de nombreux nutriments. Ils sont bons pour vous à la condition de respecter les quantités indiquées dans les suggestions de repas et de collations.

Il faut limiter notre consommation de sucre concentré comme le sucre blanc, la cassonade, le sucre à glacer, le sirop de maïs, le sirop d'érable, la mélasse et le miel. Tous ces sucres s'équivalent et nous apportent des calories superflues ; ils sont très peu nutritifs.

Du sucre a été ajouté à la plupart des aliments transformés. En fait, il est difficile de ne pas trouver de sucre dans la liste des ingrédients. Si le sucre apparaît en premier, il s'agit du principal ingrédient du produit. Essayez de consommer moins d'aliments qui contiennent beaucoup de sucre.

Ce que vous buvez peut contenir une grande quantité de sucre. La liste des boissons riches en sucre inclut le lait au chocolat, le lait frappé, les boissons aux fruits de toutes sortes, les jus de fruits et les boissons gazeuses. Une tasse (250 ml) de jus de fruits sans sucre ou une tasse de boisson gazeuse régulière contient environ 7 c. à thé (35 ml) de sucre. Optez plutôt pour de l'eau ou pour des boissons « diètes ».

Vous verrez parfois des mots tels que sucrose, fructose, sorbitol et mannitol sur les étiquettes des produits alimentaires. Le sucrose et le fructose sont des sucres purs ; ils fournissent des calories. Le sorbitol et le mannitol sont des types de sucres appelés «alcools de sucre» qui contiennent moins de calories que le sucre de table ; ils font augmenter la glycémie plus lentement.

Lisez les étiquettes des biscuits, des friandises et du chocolat à base de sorbitol ; ces produits sont souvent riches en calories et en lipides. En fait, ils peuvent fournir autant de calories que les biscuits, friandises et chocolats réguliers. Réduisez votre consommation de tous ces aliments.

La quantité de sucre varie selon les céréales.

Les flocons de son (Bran Flakes) contiennent peu de sucre ajouté, soit 1 c. à thé (5 ml) ou 4 g dans ¾ tasse (175 ml).

Les flocons de maïs givrés (Frosted Flakes) contiennent davantage de sucre ajouté, soit 3 c. à thé (15 ml) ou 12 g dans ¾ tasse (175 ml) de céréales.

*Le sucrose, le fructose, le sorbitol et le mannitol **ne sont pas** des édulcorants à faible teneur en calories.*

7. Réduisez votre consommation de sel et d'alcool

Réduisez votre consommation de sel

Le sel nous apporte un important minéral, le sodium, qui est présent naturellement dans les aliments. Le sodium est aussi ajouté à la plupart des aliments transformés. Vous avez besoin d'une petite quantité de sodium pour être en bonne santé, soit moins de 1 c. à thé de sel (2300 mg) par jour.

Malheureusement, la plupart d'entre nous consommons trop de sel. Nous mangeons trop d'aliments transformés salés et nous ajoutons trop de sel à nos plats. Cette quantité supplémentaire de sel fait travailler davantage nos reins.

Tout le monde devrait consommer moins de sel. Cela pourrait vous aider à diminuer votre tension artérielle. Pour cela, il faut consommer moins d'aliments transformés, utiliser moins de sel de table, ajouter moins de sel à vos recettes (ou supprimer le sel) et limiter votre consommation d'aliments salés.

Il est aussi important de diminuer votre consommation de matières grasses et d'alcool, et de choisir vos aliments dans les différents groupes alimentaires (voir pages 31-41). Le potassium contenu dans les fruits et les légumes est particulièrement bon pour vous. Parmi les autres changements à apporter pour diminuer votre tension artérielle, il faut perdre du poids (si vous avez un excès de poids), faire de l'exercice, cesser de fumer et réduire votre stress (et aussi votre taux de cholestérol sanguin). Vous devez en outre prendre les médicaments prescrits par votre médecin et faire vérifier régulièrement votre tension artérielle.

Trucs pour diminuer votre consommation de sel

- Assaisonnez vos plats, pendant la cuisson ou à table, avec des épices et des fines herbes, du jus de citron, du jus de lime ou du vinaigre.
- Ajoutez du poivre plutôt que du sel.
- Servez-vous de poudre d'ail ou d'oignon, plutôt que de sel d'ail ou d'oignon. Essayez le mélange d'épices proposé à la p. 141 ou la chapelure assaisonnée à la p. 148.
- Mettez moins de sel lorsque vous cuisinez. Dans de nombreuses recettes, le sel n'est pas nécessaire.
- Recherchez les aliments non salés ou à faible teneur en sodium, comme les craquelins non salés.
- Optez pour des légumes frais ou surgelés au lieu des légumes en conserve.
- Mangez moins souvent au restaurant, mangez moins de repas surgelés ou à emporter. Ils contiennent beaucoup de sel et de matières grasses.

Iode
Le sel iodé nous fournit de l'iode, un nutriment essentiel à la santé de la glande thyroïde, qui régularise notre façon de brûler les calories. Une petite quantité de sel iodé fournit toute la quantité dont vous avez besoin. Les poissons d'eau de mer, les mollusques et les crustacés figurent parmi les meilleures sources naturelles d'iode.

Une fois que vous aurez commencé à réduire votre consommation de sel, vous vous apercevrez que beaucoup d'aliments transformés ou servis au restaurant ont un goût trop salé. À l'épicerie, assurez-vous de vérifier la quantité de sodium par portion inscrite dans le tableau de la valeur nutritive.

Le sel dans les recettes de *La santé au menu*

- Les recettes ne contiennent pas de sel, sauf s'il en faut pour faire lever le mélange ou en assurer la qualité.
- Pour rehausser le goût de certains plats, nous avons utilisé du bouillon en poudre, de la sauce soya ou du sel assaisonné. Si vous voulez consommer moins de sel, remplacez ces ingrédients par des épices, des fines herbes ou des produits à teneur réduite en sel.

Les repas proposés dans ce livre contiennent certains aliments très salés, tels que les cornichons à l'aneth, la choucroute, les saucisses et le jambon. Dans les portions présentées, ces aliments font partie d'un régime alimentaire sain lorsqu'on les consomme occasionnellement (1 à 2 fois par mois).

Si vous devez diminuer davantage votre consommation de sel, vous pouvez :
- remplacer les cornichons à l'aneth par des tranches de concombre ;
- utiliser du chou au lieu de la choucroute ;
- remplacer les saucisses par du bœuf ou du porc non salé ;
- utiliser des restes de viande ou de volaille cuite, ou un œuf, au lieu de viandes transformées dans vos sandwiches.

Limitez votre consommation d'alcool

Une bière ou 2 oz (60 ml) de spiritueux, comme le whisky ou le rhum, contiennent environ le même nombre de calories que 2 tranches de pain.

Dans 6 bières, il y a 900 calories, soit autant que dans un pain complet. C'est beaucoup. Six boissons gazeuses « diète » contiennent seulement 20 calories.

Pour plus de renseignements sur l'alcool et le diabète, veuillez consulter www.diabetes.ca.

Si vous voulez perdre du poids, vous devez faire attention à tout ce que vous mangez et buvez, notamment à l'alcool. **L'alcool contient beaucoup de calories.** Tout comme pour le sucre, il s'agit de « calories vides ». Dans ce livre, on suggère parfois un verre de vin facultatif pour accompagner un repas. Sur certaines photos de collations, on peut voir une bière légère ou un verre de whisky, à prendre à l'occasion seulement. **Une consommation quotidienne d'alcool ne devrait se faire qu'avec l'approbation du médecin.**

Les calories fournies par des spiritueux, comme le whisky, proviennent seulement de l'alcool. Les trois quarts des calories de la bière proviennent de l'alcool et le reste principalement du sucre. Dans les liqueurs, un peu plus de la moitié des calories provient de l'alcool et le reste du sucre.

Pour réduire les calories provenant des boissons alcoolisées

- Buvez moins de bière, de vin, de liqueur et de spiritueux. Buvez plutôt de l'eau, des boissons gazeuses « diète », de la bière hypocalorique sans alcool, du café ou du thé.
- Choisissez de la bière légère ou extra-légère, car elle contient moins de sucre et d'alcool que la bière ordinaire.
- Plutôt que de boire une bière au complet, prenez-en la moitié et mélangez-la avec du soda au gingembre « diète ».
- La plupart des bières et vins sans alcool contiennent du sucre (moins tout de même que dans les boissons gazeuses), mais ils sont un meilleur choix que la bière alcoolisée.
- Si vous prenez un verre de vin, choisissez un vin sec, plutôt qu'un vin sucré.
- Évitez les liqueurs; elles contiennent beaucoup d'alcool et de sucre.
- Si vous souhaitez prendre un verre de spiritueux, ajoutez-y de l'eau ou une boisson gazeuse « diète » plutôt que du jus ou une boisson gazeuse ordinaire.
- Buvez de l'eau plutôt que de l'alcool avant et pendant les repas. L'alcool ouvre souvent l'appétit.

L'alcool, c'est plus qu'une source de calories, c'est une drogue qui peut créer une dépendance. Si vous buvez trop d'alcool, vous n'aurez pas seulement des problèmes de poids, il vous sera difficile d'apporter d'autres changements dans votre vie.

Il est parfois difficile de boire moins d'alcool ou de ne plus en boire. N'ayez pas peur de demander de l'aide.

Pensez à modifier vos habitudes.

Mise en garde
- *L'alcool est déconseillé aux enfants et aux adolescents, ainsi qu'aux femmes enceintes ou qui allaitent.*
- *Consultez votre médecin ou pharmacien pour vous renseigner sur les interactions de l'alcool avec vos médicaments.*
- *Si vous êtes atteint de diabète, et que vous prenez de l'insuline ou d'autres médicaments, l'alcool peut provoquer une réaction hypoglycémique. Pour éviter ce problème, ne buvez pas d'alcool ou prenez seulement un verre ou deux ; surtout, ne buvez jamais d'alcool sans manger.*

8. Faites des achats judicieux

Planifiez minutieusement vos achats ; faites une liste afin d'acheter des aliments sains. Si vous avez faim lorsque vous allez à l'épicerie, vous serez facilement tenté par des collations riches en sucre et en matières grasses. Essayez d'aller faire vos courses après avoir mangé. Rappelez-vous que vous ou les membres de votre famille mangerez ce que vous aurez acheté. Nul besoin d'acheter plus de biscuits, de crème glacée et de croustilles parce que vous avez mangé tous ceux que vous aviez à la maison.

9. Limitez les repas au restaurant

Je vous suggère de limiter les repas pris au restaurant. On y sert souvent de grosses portions d'aliments riches en matières grasses, en sucre et en sel. On retrouve quelques repas de restaurant parmi ceux proposés dans ce livre. On peut aussi préparer ces repas à la maison.

10. Faites de la marche

Il est très important d'être actif. Les experts recommandent environ 30 minutes d'exercice par jour (ou de 45 à 60 minutes, 4 fois par semaine), comme la marche, la bicyclette ou la natation. Vous pouvez marcher 10 minutes à la fois, 3 fois par jour, pour accumuler une demi-heure de marche, si vous le préférez.

La marche est l'une des meilleures formes d'exercice. Vous pouvez marcher au moment qui vous convient et choisir votre trajet. Commencez lentement, puis essayez chaque semaine d'aller un peu plus vite, un peu plus loin.

La plupart de mes clients pensent être actifs. Mais il y a une différence entre être actif (ou occupé) et faire de l'exercice. Comparons notre mode de vie aujourd'hui à celui de nos grands-parents. Autrefois, les gens allaient à pied au travail, à l'épicerie, au bureau de poste, à l'école, à l'église et à la salle de danse. Le travail à la maison et à la ferme était difficile physiquement. Aujourd'hui, on ne marche pas assez. La télévision et l'ordinateur remplacent trop souvent les loisirs et les travaux plus exigeants physiquement. Le manque d'exercice est mauvais pour la santé.

Vous êtes trop fatigué pour sortir marcher ? Il arrive que la fatigue soit due à une faiblesse des muscles. Cela peut paraître étrange, mais le seul moyen de trouver l'énergie pour marcher, c'est de sortir se promener. Une fois que vous serez en meilleure forme, vous verrez que la marche donne de l'énergie.

Vous êtes trop occupé pour trouver le temps de marcher ? Quelques changements suffisent. Pensez d'abord au nombre de fois où vous sortez de la maison, par exemple pour démarrer votre auto, vous rendre à l'arrêt d'autobus ou aller chercher le courrier. Une fois dehors, prenez 20 minutes de plus pour aller marcher. C'est important pour être en bonne santé. Habituellement, on trouve le temps de faire ce qui nous semble important.

Il est impossible de maigrir sans faire d'exercice. La marche peut vous aider à perdre du poids, à contrôler votre glycémie, à vous sentir mieux dans votre peau et aussi à vous donner un teint en santé. La marche renforce les os et les muscles, et facilite la respiration. Souvent, la marche réduit les maux de dos et les douleurs articulaires. Elle aide à réduire le stress et à bien dormir la nuit.

La marche est le meilleur exercice pour la plupart des gens.

*Vous verrez que l'exercice **donne** un regain d'énergie.*

La marche vous aidera à perdre du poids, elle vous apportera aussi de nombreux autres bienfaits.

La marche en plein air est une excellente façon de prendre de la vitamine D. Lorsque votre peau est exposée aux rayons du soleil, votre corps produit de la vitamine D.
Si vous êtes du type caucasien (peau blanche), protégez-vous ou utilisez une crème de protection solaire lorsque vous sortez pour une marche de plus de 20 minutes.
Évitez l'exercice pendant les périodes les plus chaudes de la journée ainsi que le bronzage et les coups de soleil.

Si vous êtes atteint de diabète, la marche vous aidera à contrôler votre glycémie. Si votre taux de cholestérol est élevé, la marche vous aidera à l'abaisser. Il en est de même pour la tension artérielle.

Lorsque je reçois des patients deux mois après qu'ils ont commencé à faire de la marche, ils disent se sentir mieux. Bien souvent, ils ont perdu du poids. Ils sont alors prêts à faire plus d'exercice, car ils sont plus en forme de jour en jour.

Il faut parfois plusieurs mois avant d'être un marcheur régulier. Plus vous marcherez et mieux vous vous sentirez.

Posez ce livre et allez marcher.

Des trucs qui marchent !

D'abord, marchez de plus en plus chaque jour

Lorsque vous allez à l'épicerie, stationnez-vous le plus loin possible et marchez jusqu'à l'entrée. Quand vous prenez l'autobus, descendez à l'arrêt qui précède le vôtre, et marchez le reste du parcours.

Monter et descendre les escaliers est un très bon exercice. Commencez par les descendre.

Il est important de porter des chaussures ou des bottes bien ajustés qui supportent bien vos pieds.

Ensuite, marchez régulièrement

Essayez d'aller marcher deux fois par semaine. Prenez la bonne habitude de sortir tous les jours à la même heure. Amenez votre chien, il sera content. Il vaut mieux sortir marcher que de perdre son temps devant la télévision.

Faites une marque bien visible sur le calendrier les jours où vous allez marcher. Soyez fier de vous !

Chaque fois que vous allez marcher, inscrivez-le sur votre calendrier.

Augmentez la distance parcourue. Marchez plus souvent, plus vite en balançant vos bras.

Plus vous marcherez vite et plus vous perdrez de poids.

Maintenant que vous avez pris l'habitude de marcher, vous allez peut-être vouloir faire de la natation, du vélo ou de la danse. Un vélo d'exercice ou un tapis roulant sont d'autres excellentes façons de faire de l'exercice.

Pour marcher, il faut du temps,
mais cela permet de rester en bonne santé.
Profitez-en !

De bonnes sources de fibres

Les groupes alimentaires

Céréales et féculents

Commencez par les produits céréaliers et les féculents

Les produits céréaliers et les féculents, comme le blé, la farine d'avoine, le maïs, le riz, les pommes de terre, les lentilles, les haricots secs et le manioc sont les aliments de base de la plupart des habitants de la planète. Les produits céréaliers et les féculents sont transformés en céréales à déjeuner ou moulues pour produire la farine utilisée dans la fabrication du pain, des pitas, des tortillas, des nouilles, de la bannique et des rotis.

Les produits céréaliers et les féculents donnent de l'énergie, tout en étant faibles en gras et bon marché. En plus de satisfaire l'appétit, ils apportent vitamines et minéraux à notre alimentation. L'énergie fournie par les féculents est la meilleure source d'énergie pour le cerveau, les muscles et les nerfs.

Les produits céréaliers à grains entiers, comme le pain de blé entier, le pain de seigle, l'orge et les flocons d'avoine, contiennent des fibres. Les fibres sont un laxatif naturel; elles contribuent à réduire le risque de cancer, le taux de cholestérol et la glycémie.

L'alimentation des Nord-Américains a changé depuis un siècle. Nous mangeons aujourd'hui moins de produits céréaliers et de féculents et plus de viande et d'aliments transformés auxquels on a ajouté des matières grasses, du sucre et du sel. Nous souffrons de maladies qui sont directement liées au changement de nos habitudes alimentaires, comme le diabète, les maladies du cœur et le cancer.

Pour maigrir, il faut manger moins de matières grasses et d'aliments transformés. Il faut commencer à garnir notre assiette de plus de féculents et de légumes (voir les pages 13-15).

Vous verrez que tous les repas qui figurent dans *La santé au menu* contiennent des produits céréaliers ou d'autres féculents, avec peu ou pas de matières grasses ajoutées. Les féculents faibles en matières grasses font de bonnes collations.

Quelle quantité de féculents devriez-vous consommer à chaque repas ?
- *Chaque repas devrait contenir un choix de féculents.*
- *Consommez une quantité de féculents équivalente à la grosseur de votre poing à chaque repas.*

Légumes et fruits

Faites le plein de légumes et de fruits

Les légumes et les fruits frais ou surgelés sont les meilleurs choix. Vérifiez les étiquettes et choisissez des produits congelés sans sel, matières grasses ou sucre ajoutés.

Les fruits en conserve dans l'eau ou le jus sont meilleurs que les fruits dans le sirop. Égouttez la plus grande partie du jus ou du sirop. Mangez-en moins souvent.

Vous serez peut-être surpris d'apprendre que les jus de fruits non sucrés contiennent du sucre. Une tasse (250 ml) de jus de pomme, d'orange ou de pamplemousse non sucré contient de 6 à 7 c. à thé (30 à 35 ml) de sucre naturel. Le jus de raisin et le jus de pruneaux contiennent presque 10 c. à thé (50 ml) de sucre par tasse. Puisque le jus de fruits contient moins de fibres et ne comble pas autant l'appétit que les fruits frais, il est facile d'en boire trop. Si vous buvez beaucoup de jus, il vous sera difficile de perdre du poids. Si vous êtes atteint de diabète, les jus de fruits peuvent faire augmenter votre glycémie.

Les jus de légumes, comme le jus de tomate, contiennent moins de sucre que les jus de fruits, mais souvent plus de sel. Plusieurs repas incluent un petit verre de jus de légumes. Si vous avez soif, buvez de l'eau plutôt que du jus.

Les fruits secs contiennent plus de sucre que les fruits frais, car ils sont déshydratés. Par exemple, 2 c. à soupe (30 ml) de raisins secs contiennent 4 c. à thé (20 ml) de sucre, soit à peu près la même quantité que dans ¹/₂ tasse (125 ml) de raisins.

De nombreux dîners et soupers présentés dans *La santé au menu* comportent au moins deux légumes. C'est peut-être davantage que ce que vous avez l'habitude de manger. C'est un changement important à faire. La plupart des déjeuners de cet ouvrage contiennent des fruits. Les fruits constituent souvent les desserts des dîners et des soupers.

Lorsque vous avez faim entre les repas, il vaut mieux manger un légume ou un fruit que des grignotines ou un dessert riches en lipides. On retrouve une variété de collations aux pages 278-285.

Les légumes et les fruits vous donnent de l'énergie. Ils contiennent peu de matières grasses et beaucoup de vitamines, minéraux et fibres. Ils contribuent à réduire le risque de cancer.

Quelle quantité de fruits et de légumes devriez-vous consommer ?
- *Chaque déjeuner devrait inclure un fruit.*
- *Vos dîners et vos soupers devraient comprendre au moins deux choix de légumes, et un fruit si vous le désirez.*
- *Optez pour un fruit ou un légume comme collation.*
- *Remplissez vos deux mains de légumes pour mesurer la quantité quotidienne dont vous avez besoin.*

Choisissez des produits laitiers et d'autres aliments riches en calcium

Le calcium est un minéral qui renforce les os et les dents. On le trouve dans le lait et les produits laitiers, comme le yogourt et le fromage, ainsi que dans les haricots secs et les arêtes molles de poisson. La vitamine D favorise l'action du calcium. On la retrouve dans les poissons gras ainsi que dans le lait et les produits laitiers enrichis.

Les nourrissons et les enfants ont besoin de beaucoup de calcium pendant leur croissance pour fortifier leurs os et leurs dents. Bien des gens pensent que seuls les enfants doivent consommer du lait et d'autres aliments riches en calcium. Nous avons besoin de calcium pendant toute notre vie afin de conserver nos os en santé.

Le lait vous donne mal à l'estomac ? C'est peut-être que vous ne digérez pas bien le sucre naturel (lactose) contenu dans le lait. Il se peut que vous puissiez consommer de petites quantités de lait ou de produits à base de lait, comme le yogourt ou le fromage. Vous pouvez aussi boire du lait écrémé à teneur réduite en lactose.

Vous pouvez également combler vos besoins de calcium à partir d'autres aliments, tels que :
- le tofu enrichi de calcium ;
- les boissons de soya ou de riz, ou les jus de fruits enrichis de calcium ;
- les haricots secs, comme les « fèves au lard » ;
- les graines et les noix, comme les amandes et les graines de sésame ;
- les arêtes de poisson, comme celles du saumon en conserve ;
- les légumes vert foncé et les légumes feuillus, comme le brocoli, le chou de Bruxelles, l'okra, le chou frisé et le chou de Chine ;
- quelques fruits, comme les figues séchées et les oranges.

Choisissez des produits riches en calcium et faibles en matières grasses, tels que :
- le lait et le yogourt (écrémés ou 1 %), ainsi que le fromage ayant moins de 20 % de matières grasses ;
- le lait écrémé en poudre ;
- le saumon en conserve dans l'eau (pas dans l'huile – écrasez les arêtes avec une fourchette);
- le lait de soya faible en matières grasses (certains types contiennent du sucre ajouté) ;
- les légumes vert foncé, les légumes feuillus et les haricots secs sont naturellement faibles en lipides.

Les graines, les noix et le tofu contiennent des graisses végétales ; on peut consommer les portions indiquées dans les menus proposés dans ce livre.

Quelle quantité de produits laitiers et d'autres aliments riches en calcium devriez-vous consommer ?
- *À chaque repas, incluez 1 ou 2 aliments riches en calcium et faibles en gras.*
- *Une portion correspond à ½ à 1 tasse (125 à 250 ml) de lait ou de yogourt, ¼ à ½ tasse (60 à 125 ml) de poisson en conserve avec les arêtes ou un morceau de fromage, des noix ou du tofu de la grosseur d'un pouce.*

lait

fromage

Viandes et autres sources de protéines

Consommez la bonne quantité de protéines

Pour être en bonne santé, il est important de consommer des protéines. Toutefois, nous n'avons besoin que d'une petite quantité de protéines chaque jour. Les photos accompagnant les repas illustrent la quantité de protéines à consommer.

On trouve des protéines dans la viande, le poisson, la volaille, le fromage, les œufs et le lait. On en trouve aussi dans les légumineuses (haricots secs, pois secs et lentilles), dans le tofu et le beurre d'arachide. Il y en a également dans les noix, les graines, certains légumes et les céréales. J'ai inclus une variété de protéines végétales et animales dans les repas.

Les protéines végétales

Les haricots secs, les haricots rouges, les pois chiches et les pois secs contiennent des protéines végétales; ils sont faibles en gras et riches en fibres. Le tofu est fabriqué avec des haricots de soya; il peut remplacer la viande. On trouve des protéines végétales en petite quantité dans certains féculents, comme le pain de blé entier et le gruau. Les noix, dont les arachides et le beurre d'arachide, et les graines, telles que les graines de tournesol, contiennent des protéines végétales à forte teneur en lipides; On peut quand même en manger aux repas et collations, mais en quantité raisonnable.

Les protéines animales

Les viandes rouges maigres fournissent des protéines animales faibles en lipides : viande hachée maigre, rôti de ronde ou steaks (dont l'excédent de graisse a été enlevé), longe d'agneau ou côtelettes de porc, chevreuil et lapin. Le poulet et la dinde sont de bonnes sources de protéines, mais n'oubliez pas d'enlever la peau.

Les œufs sont aussi une bonne source de protéines. Saviez-vous que, même avec un taux de cholestérol élevé, vous pouvez manger sans problème trois œufs par semaine ? Pour réduire votre taux de cholestérol, il existe d'autres moyens (voir les pages 23 et 28).

La plupart des **poissons** sans peau contiennent moins de lipides que la viande rouge. Les poissons maigres sont le sébaste, le vivaneau, la morue, l'aiglefin et la sole. Le thon, le saumon rose et les sardines en conserve dans l'eau sont aussi de bons choix. Les crevettes et le homard sont également faibles en lipides. Le tassergal est moyennement riche en lipides. Les poissons plus gras sont la truite et le saumon rouge (*sockeye*). Consommez de plus petites portions de ces poissons. Essayez de manger du poisson au moins une fois par semaine. C'est la meilleure source d'acides gras oméga-3.

L'Association canadienne du diabète classe généralement les aliments qui contiennent des protéines dans le groupe «Viandes et substituts».

Vous n'avez besoin que d'une petite quantité de protéines chaque jour.

Quelle quantité de protéines devriez-vous consommer ?
- *La taille de la paume.*
- *Chez les femmes, cette quantité équivaut à 3-5 oz (90 à 150 g) de viande cuite et chez les hommes, à 4-7 oz (125 à 210 g).*

Aliments riches en graisses mono-insaturées et polyinsaturées

Incluez des lipides qui favorisent la santé

Les bons choix

Les graisses mono-insaturées et polyinsaturées que l'on trouve dans :

- les huiles végétales, telles que l'huile de canola, de maïs, d'olive, d'arachide, de carthame, de tournesol et de lin ;
- les margarines non hydrogénées ou les vinaigrettes contenant les huiles mentionnées ci-dessus ;
- les avocats, les olives et l'huile d'olive sont riches en graisses mono-insaturées. Ces graisses aident à réduire le cholestérol sanguin ;
- les noix, telles que les amandes, les noisettes, les pacanes, les arachides, les pistaches ;
- les graines, telles que les graines de tournesol, de sésame et de lin.

Les meilleurs choix

Les acides gras polyinsaturés oméga-3 sont bons pour le cerveau et les yeux. Les recherches démontrent qu'ils pourraient réduire le risque de crise cardiaque et d'accident vasculaire cérébral en diminuant les triglycérides (lipides sanguins) et en prévenant la formation de caillots.

Le poisson, particulièrement celui des mers froides, constitue la meilleure source d'acides gras oméga-3. Le poisson peut aussi contenir un peu d'acides gras oméga-6, de graisses mono-insaturées et de petites quantités de graisses saturées. Le poisson est riche en sélénium et en vitamines B et D. Je recommande donc de l'inclure dans votre plan alimentaire. Par contre, à cause de la pollution, vous devriez consulter votre médecin avant d'en consommer de façon régulière si vous êtes enceinte.

On trouve les acides gras polyinsaturés oméga-3 dans :

- les sardines, le saumon, la truite, la perche, le maquereau, le hareng, les anchois, l'esturgeon, le flétan et le thon ;
- les crustacés, tels que les crevettes, le homard, les moules, les huîtres, le crabe des neiges ;
- les graines de lin et l'huile de lin, les graines de citrouille ;
- l'huile de canola non hydrogénée et l'huile de soya; les margarines et vinaigrettes produites à partir de ces huiles ;
- les noix ;
- les produits enrichis d'oméga-3, comme les œufs, le yogourt, le lait et le fromage. Vérifiez la présence d'oméga-3 sur les étiquettes;
- les graines de soya, les haricots de soya, la farine de soya et le germe de blé ;
- le pourpier *(Portulaca oleracea)* ; cette plante habituellememnt considérée comme une mauvaise herbe est une source d'acides gras oméga-3.

Limitez votre consommation de mauvais lipides (voir page 16).

Une portion d'olives, de noix, de graines, d'avocat ou de graines de lin correspond à ce que peut contenir le creux de votre paume.

Quelle quantité de matières grasses devez-vous consommer à chaque repas ?
- *Les matières grasses ajoutées ne doivent pas excéder la grosseur du bout de votre pouce (1 à 2 c. à thé/5 à 10 ml).*
- *Cela inclut les matières grasses utilisées pour la cuisson et à table.*

Information nutritionnelle

La valeur nutritive des recettes et des repas a été calculée par Food Intelligence (Toronto, Ontario) à partir du logiciel Genesis R&D qui utilise le Fichier canadien sur les éléments nutritifs 2007b et l'USDA *Nutrient Database for Standard Reference*. Les choix indiqués pour les repas ont été calculés à l'aide d'un logiciel maison en s'appuyant sur ces résultats et sur les quantités de nutriments fournies par les divers choix (voir le tableau ci-dessous).

Dans le cadre de ces calculs, le système impérial de poids et mesures (livres, tasses, c. à table, etc.) a été retenu ; les spécifications suivantes ont été prises en compte :

- lait écrémé ;
- bœuf haché maigre contenant moins de 17 % de matières grasses ;
- riz et pâtes alimentaires sans sel ajouté ;
- 3 pommes de terre moyennes à bouillir ou 4 petites par livre (500 g) ou environ 3 grosses pommes de terre à cuire au four ou 4 moyennes par 2 livres (1 kg) ;
- sucre blanc granulé, à moins d'indication contraire ;
- ingrédients non mesurés ajoutés couramment (p. ex., tomates dans un sandwich).

Chaque fois qu'un choix d'ingrédients est offert, les calculs tiennent compte du premier ingrédient indiqué. En présence d'intervalles, ils tiennent compte de la plus petite quantité indiquée.

	NUTRIMENTS PAR CHOIX		
Choix	Glucides (g)	Protéines (g)	Lipides (g)
Glucides			
Produits céréaliers et féculents	15	3	0
Fruits	15	0	0
Produits laitiers (1%) et substituts	15	8	2,5
Autres aliments	15	variable	
Légumes	<5 (la plupart)	2	0
Viandes et substituts	0	7	3-5
Matières grasses	0	0	5
Extras	<5	0	0

Source : Adapté à partir de *Guide pratique : La planification de repas sains en vue de prévenir ou de traiter le diabète,* Association canadienne du diabète, 2007. Les choix de glucides s'appuient sur les glucides totaux utilisables (c.-à-d. les glucides totaux moins les fibres). Les utilisateurs du *Guide pratique* doivent noter que les choix de glucides utilisés dans le présent livre tiennent compte des glucides <u>fournis par tous les ingrédients</u> (notamment les légumes, les légumineuses, les noix et certains autres ingrédients mineurs). Les nombres indiqués sont habituellement 25 % supérieurs à ceux du *Guide pratique* étant donné que ces derniers n'incluent pas ces ingrédients.

Pour plus de renseignements sur l'alimentation et le diabète, veuillez consulter le site Web suivant : www.diabete.qc.ca

Repas, recettes et collations

Déjeuners

- **chaque gros repas contient 370 calories**
- **chaque petit repas contient 250 calories**

DÉJEUNER 1

Céréales sèches

On trouve une liste des noix bonnes pour la santé à la page 41.

Vous pouvez remplacer les noix par ¼ tasse (60 ml) (ou 2 c. à soupe/30 ml pour le petit repas) de granola combo (voir page 70). Vous obtiendrez ainsi le même nombre de calories, mais plus de glucides.

Dans ce livre, nous tenons compte des glucides qui proviennent de toutes les sources alimentaires. Les valeurs sont généralement 25 % plus élevées que celles de la brochure Guide pratique de l'Association canadienne du diabète. Voir page 42 pour plus d'information.

Lisez bien les étiquettes avant d'acheter vos céréales. Choisissez celles qui contiennent peu de sucre ajouté ou pas du tout. Une portion doit contenir moins de 5 grammes de sucre et moins de 2 grammes de lipides.

Les céréales enrichies contenant des fruits secs (p. ex., raisins secs) contiennent plus de sucre. Par exemple, 1 c. à soupe (15 ml) de raisins secs ajoute 5 grammes de sucre. Si vous choisissez ce type de céréales, vous devez réduire la portion de fruits proposée.

Quand vous achetez des céréales, vous devez également examiner la teneur en fibres. Choisissez de préférence des céréales riches en fibres, comme les céréales de son et de blé entier. Vérifiez la quantité de fibres par portion sur les étiquettes.

Le lait écrémé et le lait 1 % contiennent très peu de matières grasses. Versez-en dans vos céréales ou buvez-en un verre. Si vous utilisez du lait en conserve, choisissez le lait évaporé écrémé. Rappelez-vous que ¼ tasse (60 ml) de lait évaporé mélangé à ¼ tasse (60 ml) d'eau équivaut à ½ tasse (125 ml) de lait ordinaire.

Ajoutez des fruits à vos céréales ou mangez-les séparément. La moitié d'une banane ou n'importe lequel des fruits proposés pour les autres déjeuners feront l'affaire. Une demi-tasse (125 ml) de jus de fruits non sucré contient le même nombre de calories qu'un petit fruit. Contrairement aux fruits, les jus ne contiennent pas de fibres.

Buvez de l'eau à tous les repas, même au déjeuner. Si vous prenez une tasse de café ou de thé, attention au sucre. Supprimez-le si vous en êtes capable ou remplacez-le par un édulcorant hypocalorique. Attention également à la crème et au colorant à café. Vous savez sans doute que la crème contient beaucoup de matières grasses, mais saviez-vous que le colorant à café est composé principalement de sucre et d'huile? Essayez de remplacer la crème et le colorant à café par du lait écrémé ou du lait écrémé en poudre. Si vous ne pouvez pas vous passer de colorant à café, choisissez un produit léger et limitez-vous à 2 c. à thé (10 ml) par jour.

	Gros repas	Petit repas
Glucides	3	2 ½
Matières grasses	2	1

Menu du déjeuner	Gros repas (370 calories)	Petit repas (250 calories)
Flocons de son	1 ¼ tasse (300 ml)	1 tasse (250 ml)
Lait écrémé ou 1 %	1 tasse (250 ml)	½ tasse (125 ml)
½ grosse banane	Morceau de 3 po (7,5 cm)	Morceau de 3 po (7,5 cm)
Amandes émondées ou autres noix	3 c. à soupe (45 ml)	1 ½ c. à soupe (25 ml)

DÉJEUNER 2

Œuf et rôties

Le sucre, le miel et la confiture contiennent moins de calories que le beurre et la margarine. En effet, un gramme de sucre contient moins de calories qu'un gramme de lipides.

- *1 c. à thé (5 ml) de sucre, de miel, de confiture ou de gelée ordinaire contient 20 calories.*
- *1 c. à thé (5 ml) de beurre ou de margarine contient environ 45 calories.*

Nous avons tous besoin de bien manger le matin pour faire démarrer notre cerveau.

Pour vos rôties, choisissez du pain à grains entiers (de blé entier ou de seigle). Ce type de pain contient beaucoup de fibres.

Pour le petit repas, garnissez vos rôties d'un peu de confiture ou de miel, sans beurre ni margarine.

Préparez-vous un œuf au choix : à la coque, poché ou encore cuit dans une poêle anti-adhésive sans ajouter de matières grasses. Choisissez des œufs enrichis d'acides gras oméga-3, car ils sont bons pour le cœur.

Les jaunes des gros œufs sont de la même taille environ que ceux des petits œufs. Les gros œufs sont gros parce qu'ils contiennent plus de blanc d'œuf – ce qui veut dire qu'un petit œuf contient autant de cholestérol qu'un gros œuf.

Complétez ce repas avec ½ tasse (125 ml) de lait écrémé ou de lait 1 %, ou encore par ½ tasse (125 ml) de babeurre, également faible en matières grasses.

Une petite portion de fruit ou quelques tranches de tomate complètent bien ce repas. Pour varier, remplacez le fruit ou la tomate par ½ tasse (125 ml) de jus de tomate ou de légumes. Le jus de tomate est un choix sage, car il contient deux fois moins de sucre qu'un jus de fruits.

Remarque au sujet des jus de fruits

Il est préférable de consommer un fruit frais plutôt qu'un jus de fruits. Le fruit est plus riche en fibres et il comble mieux l'appétit. Vous pouvez cependant remplacer une petite orange par ½ tasse (125 ml) de jus d'orange non sucré.

	Gros repas	Petit repas
Glucides	3	2
Viandes et substituts	1	1
Matières grasses	2	1

Menu du déjeuner	Gros repas (370 calories)	Petit repas (250 calories)
Œuf (cuit sans matières grasses)	1	1
Rôties de pain brun	2 tranches	1 tranche
Margarine	1 c. à thé (5 ml)	–
Confitures ou gelée	1 c. à thé (5 ml)	1 c. à thé (5 ml)
Lait écrémé ou 1 %	½ tasse (125 ml)	½ tasse (125 ml)
Tranches d'orange	½ orange moyenne	½ orange moyenne

DÉJEUNER 3

Crêpes et bacon

Ces crêpes minces sont faciles à préparer. Elles contiennent moins de gras et de sucre que les mélanges à crêpes que vous achetez à l'épicerie.

Pour ce déjeuner, le fruit est remplacé par du sirop.

Faites frire le bacon jusqu'à ce qu'il soit croustillant. Enlevez le surplus de graisse de la poêle. Une tranche mince de jambon, de bacon de dos ou de dinde fumée contient moins de lipides que le bacon de flan présenté ci-contre. Puisque le bacon est riche en graisses saturées et en sodium, n'en mangez pas plus d'une fois par semaine.

Lisez bien les étiquettes de sirop léger. Deux c. à soupe (30 ml) doivent contenir moins de 60 calories. Deux c. à soupe (30 ml) de ce type de sirop équivalent à 1 c. à soupe (15 ml) de sirop ordinaire.

Pour avoir plus de fibres, ajoutez à la pâte 1 c. à soupe (15 ml) de son.

Si votre poêle n'est pas anti-adhésive, graissez-la légèrement à l'aide d'un bout d'essuie-tout ou d'un enduit anti-adhésif en vaporisateur.

Crêpes à faible teneur en matières grasses

Donne 16 crêpes de 4 po (10 cm)

Par crêpe	
Calories	67
Glucides	11 g
Fibres	0 g
Protéines	3 g
Lipides totaux	1 g
Lipides saturés	0 g
Cholestérol	12 mg
Sodium	107 mg

1 ½ tasse (375 ml) de farine

½ c. à thé (2 ml) de sel

1 c. à thé (5 ml) de levure chimique (poudre à pâte)

1 c. à soupe (15 ml) de sucre

1 œuf

1 c. à soupe (15 ml) d'huile, de margarine ou de beurre fondu

1 ¾ tasse (425 ml) de lait écrémé

1. Dans un grand bol, mélangez la farine, le sel, la levure chimique (poudre à pâte) et le sucre.
2. Dans un bol moyen, battez l'œuf à l'aide d'une fourchette. Incorporez la matière grasse et le lait à l'œuf battu.
3. Ajoutez le mélange à l'œuf au mélange de farine. Mélangez jusqu'à ce que la pâte soit bien lisse. Vous obtiendrez de meilleurs résultats avec un fouet. Si le mélange est trop épais, ajoutez un peu de lait.
4. Faites cuire à feu moyen dans une poêle ou une poêle électrique anti-adhésive. Utilisez un peu moins de ¼ tasse (45 ml) de pâte pour une crêpe. Tournez la crêpe dès que la surface se couvre de petites bulles.

	Gros repas	Petit repas
Glucides	3 ½	2 ½
Matières grasses	2	1 ½

Menu du déjeuner	Gros repas (370 calories)	Petit repas (250 calories)
Crêpes à faible teneur en gras	3	2
Sirop	1 ½ c. à soupe (25 ml) ou 3 c. à soupe (45 ml) de sirop léger	1 c. à soupe (15 ml) ou 2 c. à soupe (30 ml) de sirop léger
Bacon (croustillant)	2 tranches	1 ½ tranche

DÉJEUNER 4

4

Rôties et beurre d'arachide

Ce déjeuner tout simple vous fournit suffisamment de protéines pour bien commencer la journée. Une cuillerée à soupe (15 ml) de beurre d'arachide est une bonne source de protéines. Comme le beurre d'arachide contient beaucoup de matières grasses, ne tartinez pas votre rôtie de beurre ou de margarine.

Une moitié de pomme accompagne bien ce déjeuner.

Voici quelques suggestions de portions de fruits :
- ½ tasse (125 ml) de compote de pommes non sucrée ;
- 2 kiwis moyens ;
- ¼ melon (petit) ;
- 1 petite banane ;
- 1 orange ;
- ½ pamplemousse. Au Déjeuner 8, nous proposons une façon originale de préparer le pamplemousse.

Vous pouvez remplacer la ½ tasse (125 ml) de lait par 1 tasse (250 ml) de chocolat chaud léger (voir le Déjeuner 9).

Pour le gros repas, recouvrez la première rôtie de beurre d'arachide et l'autre, de 1 c. à thé (5 ml) de confiture ou de gelée.

Confitures : régulières ou « diète »

Les confitures légères ou « diète » doivent contenir moins de 10 calories par cuillerée à thé (5 ml) ou 30 calories par cuillerée à soupe (15 ml). Deux cuillerées à thé de confitures légères ou « diète » correspondent à 1 cuillerée à thé de confitures ou gelées régulières.

Les confitures qui portent la mention « sans sucre ajouté » peuvent contenir du sucre sous forme de jus concentrés. Ces confitures contiennent à peu près la même quantité de glucides que les produits réguliers.

	Gros repas	Petit repas
Glucides	3	2
Viandes et substituts	½	½
Matières grasses	2	1 ½
Extras	1	-

Menu du déjeuner	Gros repas (370 calories)	Petit repas (250 calories)
Rôties de pain brun	2 tranches	1 tranche
Beurre d'arachide	1 c. à soupe (15 ml)	1 c. à soupe (15 ml)
Confitures ou gelée	1 c. à thé (5 ml) (régulières) ou 2 c. à thé (10 ml) (« diète »)	–
Lait écrémé ou 1 %	½ tasse (125 ml)	½ tasse (125 ml)
Tranches de pomme	½ pomme moyenne	½ pomme moyenne

DÉJEUNER 5

Céréales chaudes

Si vous n'ajoutez pas de sucre,
vous pouvez vous permettre
1 portion entière de fruit:

- *2 c. à soupe (30 ml) de*
  raisins secs;
- *2 pruneaux ou abricots secs;*
- *¼ tasse (60 ml) de jus de*
  pruneaux.

Les céréales chaudes – gruau (flocons d'avoine), son d'avoine, céréales à grains entiers et semoule de maïs – contiennent beaucoup de fibres. Ajoutez 1 c. à soupe (15 ml) de son de blé à votre gruau pour augmenter la teneur en fibres. Si vous ajoutez 1-2 c. à thé (5 à 10 ml) de graines de lin moulues à votre gruau, vous aurez une source d'acides gras oméga-3.

Si vous prenez vos céréales sans sucre ou si vous ajoutez un édulcorant hypocalorique, vous pouvez consommer une portion complète de fruit (parmi ceux qui sont proposés avec la plupart des autres déjeuners).

Les portions individuelles de gruau sont faciles à préparer et elles se préparent en un clin d'œil, mais la plupart contiennent beaucoup de sucre ajouté. Choisissez les emballages portant la mention «nature» ou «naturel» et vérifiez la liste des ingrédients pour vous assurer qu'il n'y a pas de sucre.

Vous voudrez peut-être mélanger ½ sachet de gruau d'avoine instantané sans sucre avec ½ sachet de gruau d'avoine à saveur de fruit. De cette façon, votre gruau sera un peu sucré et vous aurez ½ portion de fruit.

	Gros repas	Petit repas
Glucides	4 ½	3
Matières grasses	1	½

Menu du déjeuner	Gros repas (370 calories)	Petit repas (250 calories)
Céréales chaudes	1 ½ tasse (375 ml) cuites 9 c. à soupe (135 ml) de céréales sèches	1 tasse (250 ml) cuites 6 c. à soupe (70 ml) de céréales sèches
Cassonade	2 c. à thé (10 ml)	2 c. à thé (10 ml)
Raisins	2 c. à soupe (30 ml)	1 c. à soupe (15 ml)
Lait écrémé ou 1 %	1 tasse (250 ml)	½ tasse (125 ml)

Pain doré

Ce déjeuner est facile à préparer et il est prêt en un clin d'œil.

Le pain doré est servi avec un fruit et du sirop. Si vous n'avez pas de fraises fraîches, n'importe quel autre fruit – frais, congelé ou en conserve – fera l'affaire.

Pain doré

Donne 4 tranches

	Par morceau	
2 gros œufs	Calories	96
¼ tasse (60 ml) de lait écrémé	Glucides	14 g
	Fibres	1 g
Une pincée de sel, facultatif	Protéines	5 g
	Lipides totaux	2 g
4 tranches de pain	Lipides saturés	1 g
	Cholestérol	62 mg
	Sodium	178 mg

1. Dans un bol moyen, battez les œufs avec une fourchette. Ajoutez le lait et le sel.
2. Trempez le pain dans le mélange.
3. À feu moyen, dans une poêle anti-adhésive légèrement graissée, faites frire le pain des deux côtés jusqu'à ce qu'il brunisse. Si vous n'avez pas de poêle anti-adhésive, suivez la méthode expliquée à la page 50.
4. Saupoudrez d'un peu de muscade ou de cannelle (facultatif). Variante: Ajoutez 2 c. à thé (10 ml) de zeste d'orange au mélange d'œufs pour obtenir une merveilleuse saveur d'orange.

Les tranches de pain varient d'une marque à l'autre. Cette recette est basée sur du pain qui contient de 60 à 70 calories par tranche de 30 g. Si vos tranches sont plus grosses, calculez 2 tranches pour le gros repas et une tranche pour le petit repas.

	Gros repas	Petit repas
Glucides	3 ½	2 ½
Viandes et substituts	1	½
Matières grasses	1	1

Menu du déjeuner	Gros repas (370 calories)	Petit repas (250 calories)
Pain doré	3 tranches	2 tranches
Confitures	1 c. à soupe (15 ml) (régulières) ou 2 c. à soupe (30 ml) («diète»)	2 c. à thé (10 ml) (régulières) ou 4 c. à thé (20 ml) («diète»)
Fraises	5 moyennes	4 moyennes

DÉJEUNER 7

Muffin et yogourt

Les gros muffins commerciaux peuvent contenir jusqu'à 5 c. à thé (25 ml) de lipides invisibles. Essayez ces délicieux muffins à faible teneur en matières grasses. Chaque muffin ne contient que ½ c. à thé (2 ml) de matières grasses ajoutées.

Vous pouvez remplacer le yogourt par 1 tasse (250 ml) de lait écrémé. Pour le petit repas, une tranche de fromage à faible teneur en matières grasses peut très bien remplacer le yogourt. Vous trouverez des suggestions sur le choix des yogourts à la page 90 (Dîner 7).

Muffins au son

Donne 12 muffins moyens

	Par muffin	
Calories		144
Glucides		29 g
Fibres		4 g
Protéines		4 g
Lipides totaux		3 g
Lipides saturés		0 g
Cholestérol		16 mg
Sodium		229 mg

1 tasse (250 ml) de farine

1 ½ c. à thé (7 ml) de levure chimique (poudre à pâte)

½ c. à thé (2 ml) de bicarbonate de soude

½ c. à thé (2 ml) de sel

¼ tasse (60 ml) de compote de pommes non sucrée

2 c. à soupe (30 ml) de margarine ou huile végétale

¼ tasse (60 ml) de cassonade bien tassée

¼ tasse (60 ml) de mélasse (ou de miel)

1 œuf

1 tasse (250 ml) de lait écrémé

1 ½ tasse (375 ml) de son

½ tasse (125 ml) de raisins secs

1. Dans un bol moyen, mélangez la farine, la levure chimique (poudre à pâte), le bicarbonate de soude et le sel.
2. Dans un grand bol, mélangez la compote de pommes, la margarine et la cassonade. Mélangez jusqu'à ce que la pâte soit lisse.
3. Incorporez la mélasse et l'œuf en battant. Ajoutez le lait, puis le son.
4. Versez le mélange de farine dans le grand bol, puis incorporez les raisins secs. Le mélange doit être bien humecté.
5. À l'aide d'une cuillère, versez le mélange dans un moule à muffins anti-adhésif non graissé. Si vous n'avez pas ce genre de moule, utilisez des moules en papier ou graissez un peu votre moule à muffins. Faites cuire au four préchauffé à 400 °F (200 °C) pendant 20 à 25 minutes. Les muffins sont prêts quand un cure-dents inséré au centre en ressort propre.

	Gros repas	Petit repas
Glucides	3	3
Viandes et substituts	1	-
Matières grasses	2	½

Menu du déjeuner	Gros repas (370 calories)	Petit repas (250 calories)
Muffin au son	1	1
Yogourt aux fruits faible en gras avec édulcorant hypocalorique	¾ tasse (175 ml)	¾ tasse (175 ml)
Orange	1 moyenne	½ moyenne
Morceau de fromage	1 oz (30 g)	—

Pain aux raisins et au fromage

Vous pouvez remplacer les 2 rôties de pain aux raisins par 1 scone aux raisins ou 1 brioche du carême aux raisins.

Vous pouvez remplacer le fromage illustré sur la photo par 1 tasse (250 ml) de lait.

Le pain aux raisins constitue une délicieuse variante. Vous pouvez, par exemple, recouvrir de fromage la moitié de votre rôtie et la faire griller, puis recouvrir l'autre moitié d'une mince couche de confiture qui contient moins de calories que la margarine.

Le gros repas peut comprendre 1 oz (30 g) de fromage en bloc ou 1 ½ tranche de fromage. Choisissez de préférence un fromage léger. Lisez bien l'étiquette :

- Un bon choix consiste en un fromage à 20 % ou moins de matières grasses.
- Le fromage ordinaire contient environ 35 % de matières grasses.

Offrez-vous ½ pamplemousse ou une portion d'un autre fruit au choix :

- ½ pomme de grosseur moyenne (ou une petite) ;
- 1 pêche ;
- ½ petite banane ;
- 1 orange.

Lorsque vous déjeunez, même si vous mangez peu, vous avez un regain d'énergie. Votre corps se « réveille ». Cela vous aide aussi à contrôler votre glycémie.

	Gros repas	Petit repas
Glucides	3 ½	2
Viandes et substituts	1	½
Matières grasses	1 ½	1
Extras	-	1

Menu du déjeuner	Gros repas (370 calories)	Petit repas (250 calories)
Pain aux raisins grillé	3 tranches	2 tranches
Confitures ou gelée	1 c. à thé (5 ml) (régulières) ou 2 c. à thé (10 ml) («diète»)	– –
Tranche de fromage	1 ½ tranche de 1 oz (30 g)	1 tranche (½ oz/15 g)
Pamplemousse	½ petit	½ petit

DÉJEUNER 9

Gaufre et chocolat chaud

Voici quelques suggestions pour remplacer 1 tasse (250 ml) de chocolat chaud léger:

- *1 tasse (250 ml) de lait à faible teneur en matières grasses;*
- *¾ tasse (175 ml) de yogourt léger.*

Les gaufres congelées vendues en épicerie constituent un petit déjeuner facile à préparer et prêt en un clin d'œil. Les gaufres nature contiennent moins de calories. Pour vous gâter, choisissez des gaufres aux bleuets ou à d'autres fruits.

Recouvrez votre gaufre d'un peu de confitures, de miel ou de sirop en suivant les indications dans l'encadré ci-dessous.

Ce déjeuner prévoit une portion de fruit.

Les mélanges à chocolat chaud léger sont offerts dans une variété de saveurs. Ils sont faits avec du lait écrémé en poudre et un édulcorant hypocalorique. Choisissez un mélange à chocolat chaud léger qui contient moins de 50 calories par portion de ¾ tasse (175 ml). Lisez bien l'étiquette.

Vous pouvez préparer ce chocolat chaud pour faire changement des préparations vendues dans le commerce. Une tasse (250 ml) remplace une tasse de lait.

Chocolat chaud maison

Donne 1 tasse (250 ml)

1 tasse (250 ml) de lait écrémé	
1 c. à thé (5 ml) de cacao	
¼ c. à thé (1 ml) de café soluble décaféiné (facultatif)	
1 c. à thé (5 ml) de sucre ou d'édulcorant, au goût	
Bâtonnet de cannelle ou une pincée de cannelle moulue	

Une portion de 1 tasse (250 ml)	
Calories	106
Glucides	17 g
Fibres	1 g
Protéines	9 g
Lipides totaux	1 g
Lipides saturés	0 g
Cholestérol	4 mg
Sodium	127 mg

1. À l'aide d'un fouet, mélangez bien tous les ingrédients dans un bocal ou une tasse à mesurer allant au micro-ondes.
2. Chauffez au micro-ondes de 2 à 3 minutes, en remuant au moins une fois, jusqu'à ce que le liquide soit bouillant.

	Gros repas	Petit repas
Glucides	4	3
Matières grasses	2	1
Extras	1	1

Menu du déjeuner	Gros repas (370 calories)	Petit repas (250 calories)
Gaufre(s)	2	1
Margarine ou beurre	1 c. à thé (5 ml)	½ c. à thé (2 ml)
Sirop (ou miel ou confitures)	1 c. à soupe (15 ml) ou 2 c. à soupe (30 ml) de sirop léger	1 c. à soupe (15 ml) ou 2 c. à soupe (30 ml) de sirop léger
Raisins	15	15
Chocolat chaud léger	1 tasse (250 ml), soit un sachet (½ oz/14 g)	1 tasse (250 ml), soit un sachet (½ oz/14 g)

DÉJEUNER 10 *Yogourt fouetté protéiné et barre aux fruits*

Les bienfaits du soya

Le tofu est fait avec du soya, riche en protéines et ne contenant ni matières grasses ni cholestérol. Le soya contient des composés naturels, appelés isoflavones, qui peuvent aider à réduire le mauvais cholestérol (LDL) et à augmenter le bon cholestérol (HDL). Chez les hommes, les isoflavones contribueraient à prévenir l'hypertrophie de la prostate. Chez les femmes, elles pourraient aider à diminuer les risques de cancer du sein et soulager certains symptômes de la ménopause. Assurez-vous que le tofu que vous achetez est enrichi de calcium.

Si une longue matinée vous attend et que vous n'aurez pas l'occasion de prendre une collation, il est important de prendre un déjeuner protéiné afin de ne pas être tenaillé par la faim au milieu de l'avant-midi. Voici deux recettes de yogourt fouetté qui vous aideront à tenir la route.

Vous pouvez remplacer la barre aux fruits ou la barre de céréales par le muffin au son du Déjeuner 7.

Yogourt fouetté au soya et aux fruits

Donne 2 tasses (500 ml)

5 ¼ oz (150 g) de tofu dessert aromatisé (ex.: pêche, mangue, petits fruits ou lime)

¼ tasse (60 ml) de yogourt aux pêches ou à la vanille écrémé (sans sucre)

½ tasse (125 ml) de lait écrémé

2 moitiés de pêche (fraîches ou en conserve, dans leur jus) ou ½ petite banane

Une portion de 1 tasse (250 ml)	
Calories	108
Glucides	18 g
Fibres	1 g
Protéines	6 g
Lipides totaux	2 g
Lipides saturés	0 g
Cholestérol	2 mg
Sodium	78 mg

1. Passez tous les ingrédients dans le mélangeur jusqu'à consistance lisse.

Yogourt fouetté aux fruits

Donne 2 tasses (500 ml)

¾ tasse (175 ml) de yogourt écrémé aux pêches (sans sucre)

½ tasse (125 ml) de lait écrémé

3 c. à soupe (45 ml) de lait écrémé en poudre

2 moitiés de pêche (fraîches ou en conserve, dans leur jus) ou ½ petite banane

1 c. à thé (5 ml) de miel

Une pincée de cannelle moulue (facultatif)

Une portion de 1 tasse (250 ml)	
Calories	118
Glucides	21 g
Fibres	1 g
Protéines	8 g
Lipides totaux	0 g
Lipides saturés	0 g
Cholestérol	4 mg
Sodium	123 mg

1. Passez tous les ingrédients dans le mélangeur jusqu'à consistance lisse.

	Gros repas	Petit repas
Glucides	4	3
Viandes et substituts	½	-
Matières grasses	½	½

Menu du déjeuner	Gros repas (370 calories)	Petit repas (250 calories)
Yogourt fouetté au soya et aux fruits (ou yogourt fouetté aux fruits)	2 tasses (500 ml)	1 tasse (250 ml)
Barre aux fruits ou barre de céréales	1 (moins de 150 calories)	1 (moins de 150 calories)

DÉJEUNER 11 *Déjeuner fiesta*

En Amérique latine, on sert fréquemment des haricots secs et du riz au déjeuner. J'ai essayé ce déjeuner la toute première fois alors que je voyageais au Brésil, où il était servi avec le traditionnel café Americano (café et lait chaud). Afin de conserver ce beau souvenir de voyage, je vous offre la recette, avec ses parfums d'oignon et d'ail, qui vous permettra d'entamer la journée avec fougue. Vous pouvez préparer ce plat à l'avance et le réchauffer le moment venu. Servez-le avec un œuf brouillé cuit dans une poêle anti-adhésive, de la salsa et des tranches de concombre.

Riz et haricots secs à la mexicaine

Donne un peu plus de 2 tasses (500 ml)

Une portion de 1 tasse (250 ml)	
Calories	261
Glucides	45 g
Fibres	7 g
Protéines	9 g
Lipides totaux	5 g
Lipides saturés	1 g
Cholestérol	0 mg
Sodium	272 mg

2 c. à thé (10 ml) d'huile d'olive ou d'huile végétale

1 petit oignon ou ½ oignon moyen, haché finement

3 gousses d'ail, émincées

½ c. à thé (2 ml) de cumin moulu

½ c. à thé (2 ml) d'origan séché

1 c. à soupe (15 ml) de coriandre ou de persil frais, haché

¼ c. à thé (1 ml) de flocons de piment fort (facultatif)

1 tasse (250 ml) de haricots noirs en conserve (½ boîte de 19 oz/540 ml)

1 tasse (250 ml) de riz cuit

1. Dans une poêle à frire, ajoutez l'huile, les oignons, l'ail, le cumin, l'origan, la coriandre et les flocons de piment. Faites cuire à feu moyen en remuant jusqu'à ce que les oignons soient tendres.
2. Pendant ce temps, égouttez les haricots dans une passoire, rincez à l'eau froide et égouttez.
3. Incorporez le riz cuit et les haricots dans la poêle. Versez dans une casserole munie d'un couvercle et réservez dans le four chaud pendant que vous battez les œufs. Ou réfrigérez et réchauffez le lendemain matin.

Café Americano

Donne 1 tasse (250 ml)

Une portion de 1 tasse (250 ml)	
Calories	88
Glucides	12 g
Fibres	0 g
Protéines	8 g
Lipides totaux	0 g
Lipides saturés	0 g
Cholestérol	4 mg
Sodium	127 mg

1 tasse (250 ml) de lait écrémé

1 c. à café (1 c. à thé) de café soluble

Édulcorant, au goût

1. Faites chauffer le lait au micro-ondes de 2 à 3 minutes, jusqu'à ce qu'il soit bouillant, puis ajoutez le café soluble et l'édulcorant. (Si vous utilisez du sucre régulier, n'en mettez pas plus de 1 c. à thé/5 ml.)

	Gros repas	Petit repas
Glucides	3	2
Viandes et substituts	2	2

Menu du déjeuner	Gros repas (370 calories)	Petit repas (250 calories)
Riz et haricots secs à la mexicaine	¾ tasse (175 ml)	⅓ tasse (75 ml)
Œuf brouillé	1 gros	1 gros
Salsa	2 c. à soupe (30 ml)	2 c. à soupe (30 ml)
Tranches de concombre	6 tranches	6 tranches
Café Americano	1 tasse (250 ml)	1 tasse (250 ml)

DÉJEUNER 12 *Déjeuner vite fait*

Si vous êtes tenté de prendre votre déjeuner dans un café ou un restaurant de service rapide, choisissez votre repas avec soin. Les portions sont souvent grosses ou extra-grosses et contiennent beaucoup de matières grasses, de sucre, de sel et de calories. Demandez leurs guides de la valeur nutritive ou consultez leurs sites Web. Vous serez ainsi mieux en mesure de choisir un gros repas de 370 calories ou un petit repas de 250 calories.

Les calories s'additionnent rapidement :

Boissons : Les grands cappuccinos de spécialité contiennent 500 calories ou plus. Les jus étant servis dans de grands verres, ils sont riches en calories venant du sucre (sucre « naturel » ou, dans certains cas, sucre ajouté).

Muffins et beignes : Les beignes sont maintenant tellement gros qu'ils explosent en calories. Un beigne fournit de 200 à 400 calories tandis qu'un muffin acheté dans un restaurant de service rapide en contient de 300 à 500! Votre meilleur choix pourrait être un beigne-gâteau à l'ancienne qui contient environ 200 calories plutôt qu'un muffin.

Bagels : Un gros bagel équivaut à 4 tranches de pain régulier, c'est-à-dire 300 calories. Un gros bagel beurré renferme de 400 à 500 calories et, si vous ajoutez du fromage à la crème, le nombre de calories grimpe jusqu'à 500 à 650.

Biscuits à thé : Un biscuit à thé (à la poudre à pâte) peut contenir de 150 à 300 calories selon sa grosseur. Si vous ajoutez du beurre ou de la margarine, vous ajoutez 45 calories pour chaque cuillerée à thé. Les biscuits à thé qui contiennent du bacon, des œufs et du fromage ou des fruits et du sucre peuvent renfermer de 400 à 500 calories.

Muffins anglais : Un muffin anglais ordinaire contient environ 300 calories, mais si vous en choisissez un garni de saucisse ou de fromage, vous obtenez 500 calories ou plus.

Croissant : Un croissant de grosseur ordinaire contient de 200 à 300 calories, mais si vous mangez un double croissant avec de la saucisse, des œufs et du fromage, vous obtenez 500 calories.

Burritos : Un burrito nature pour le déjeuner contient environ 400 calories; un gros burrito pour le déjeuner renferme de 600 à 800 calories.

Choix de menus de remplacement contenant le même nombre de calories :

Gros repas
Bagel nature, sans beurre, + ½ portion de fromage à la crème léger ou 1 muffin aux bleuets pauvre en gras ou 1 beigne-gâteau.

1 tasse (250 ml) de café ou de thé avec lait et édulcorant hypocalorique si désiré.

Petit repas
1 croissant ou beigne-gâteau ou un bol de soupe ou un biscuit (ex. : aux pommes et à la cannelle).

1 tasse (250 ml) de café ou de thé avec lait et édulcorant hypocalorique si désiré.

Menu du déjeuner	Gros repas (370 calories)	Petit repas (250 calories)
Choix n° 1 Entrée Jus de pomme Café ou thé avec lait et édulcorant hypocalorique	1 muffin anglais avec 1 œuf ou hamburger au fromage 6 ¾ oz (177 ml) 1 tasse (250 ml)	1 muffin anglais + confitures ou parfait au yogourt ou aux fruits, ou fajita au poulet 6 ¾ oz (177 ml) 1 tasse (250 ml)

PETIT REPAS

DÉJEUNER 13

Granola combo

Vous pouvez savourer ce combo de fruits, de yogourt et de granola riche en protéines à la maison ou au travail.

Ces céréales granola maison sont très nourrissantes grâce à leur teneur élevée en protéines et en lipides bons pour la santé fournis par les noix et les graines de tournesol. Si vous préférez les céréales granola du commerce, mesurez une portion équivalant à 150 calories pour un gros repas ou à 110 calories pour un petit repas. Choisissez des céréales granola faibles en graisses saturées et trans et en sucre. Sachez que les céréales granola du commerce ne vous procureront peut-être pas la même quantité de protéines que le Granola croquant aux noix.

Granola croquant aux noix

Donne 10 tasses (2,5 litres)

Une portion de 1 tasse (250 ml)	
Calories	429
Glucides	58 g
Fibres	8 g
Protéines	11 g
Lipides totaux	19 g
Lipides saturés	4 g
Cholestérol	0 mg
Sodium	104 mg

½ tasse (125 ml) de graines de tournesol écalées

¾ tasse (175 ml) de flocons de noix de coco non sucrés

¼ tasse (60 ml) de germe de blé

¼ tasse (60 ml) de graines de lin, moulues

1 tasse (250 ml) d'amandes, de noix ou de pacanes hachées ou en tranches

4 tasses (1 litre) de gros flocons d'avoine à l'ancienne

½ tasse (125 ml) de sirop de maïs

2 c. à soupe (30 ml) d'huile d'olive ou d'huile végétale

1 c. à thé (5 ml) de vanille

1 c. à thé (5 ml) d'extrait d'amande ou de noix de coco

2 tasses (500 ml) de céréales de riz croustillant ou de céréales d'avoine rondes

½ tasse (125 ml) de raisins secs ou autres fruits séchés, hachés

1. Dans un grand bol, mélangez les graines de tournesol, la noix de coco, le germe de blé, les graines de lin moulues, les noix et les flocons d'avoine.
2. Dans un petit bol, mélangez le sirop de maïs, l'huile, la vanille et l'extrait d'amande ou de noix de coco.
3. Mélangez les ingrédients humides avec les ingrédients secs. Assurez-vous que les grumeaux sont défaits et amalgamés aux autres ingrédients.
4. Mettez le granola dans une grande casserole et faites cuire au four sur la grille du milieu à 350 °F (175 °C) de 30 à 35 minutes, ou jusqu'à ce qu'il soit légèrement grillé. En cours de cuisson, retirez la casserole du four *toutes les 10 minutes* pour remuer le granola afin qu'il cuise uniformément.
5. Une fois la cuisson terminée, retirez le granola du four et transvidez-le *immédiatement* dans un pot ou un bol métallique ; sinon, il pourrait coller au fond de la poêle chaude en refroidissant. Remuez une fois ou deux pendant qu'il refroidit. Ajoutez les céréales et les fruits secs une fois qu'il est bien refroidi. Conservez dans un contenant hermétique.

	Gros repas	Petit repas
Glucides	3 ½	2 ½
Matières grasses	2	1

Menu du déjeuner	Gros repas (370 calories)	Petit repas (250 calories)
Fruits hachés (frais, surgelés ou en conserve)	1 ½ tasse (375 ml)	1 tasse (250 ml)
Yogourt aux fruits, faible en sucre et en gras	¾ tasse (175 ml)	¾ tasse (175 ml)
Granola croquant aux noix	½ tasse (125 ml)	¼ tasse (60 ml)
Thé ou café	1 tasse (250 ml)	1 tasse (250 ml)

DÉJEUNER 14 *Quiche des Prairies*

Les Prairies et les Grandes Plaines sont un immense grenier de blé mondial. Elles produisent la farine qui est ensuite moulue pour la fabrication du pain. La quiche des Prairies est composée d'une croûte-chapelure contenant moins de calories que la croûte à pâtisserie traditionnelle. Cette quiche nécessite environ 45 minutes de préparation et de cuisson, et elle convient parfaitement aux matinées où vous jouissez de plus de temps libre. Cette recette est à la fois délicieuse et satisfaisante, mais on doit la réserver aux occasions spéciales à cause de sa haute teneur en gras.

Mélange de 4 ou 5 fromages râpés

Dans les recettes requérant du fromage râpé, vous pouvez utiliser un mélange de 4 ou 5 variétés pouvant inclure le cheddar, la mozzarella, le parmesan et les fromages de spécialité.

Quiche des Prairies

Donne 2 grosses ou 3 petites portions

½ quiche	
Calories	310
Glucides	21 g
Fibres	2 g
Protéines	20 g
Lipides totaux	16 g
Lipides saturés	7 g
Cholestérol	214 mg
Sodium	615 mg

½ c. à thé (2 ml) de margarine ou de beurre, pour graisser le plat de cuisson

⅓ tasse (75 ml) de chapelure sèche

2 œufs

2 tranches de bacon crues, partiellement débarrassées de leur gras, hachées

½ tasse (125 ml) de lait écrémé

Une pincée de poivre noir

¾ tasse (175 ml) de poivron rouge ou de brocoli (ou un mélange des deux), haché en petits morceaux

½ tasse (125 ml) de fromage allégé, râpé

1. Graissez les côtés et le fond d'un plat de cuisson de 6 po (15 cm) avec du beurre ou de la margarine. Étendez uniformément la chapelure au fond.
2. Dans un bol, mélangez les œufs, le bacon haché, le lait, le poivre et les légumes. Versez dans le plat à cuisson et couvrez de fromage râpé.
3. Faites cuire au four à 400 °F (200 °C), sur la grille du milieu, pendant 25 minutes.
4. Une fois la cuisson terminée, retirez la quiche du four et laissez reposer 5 minutes. Servez délicatement les pointes à l'aide d'une spatule à œufs.

On sert la quiche des Prairies avec un petit verre de jus d'orange, de pomme, de pamplemousse ou de canneberge. Le jus est une excellente source de vitamine C et de sucre naturel, mais il lui manque les fibres contenues dans les fruits frais. On peut en prendre pour remplacer un fruit frais lors des occasions spéciales. (Voir page 13.)

	Gros repas	Petit repas
Glucides	2	1 ½
Viandes et substituts	2	1
Matières grasses	2	1 ½

Menu du déjeuner	Gros repas (370 calories)	Petit repas (250 calories)
Quiche Jus d'orange non sucré	½ recette ½ tasse (125 ml)	⅓ de recette ½ tasse (125 ml)

15

Gâteau irlandais aux raisins de Corinthe

Plat de réjouissance

Ce gâteau savoureux est une adaptation du fameux Irish soda bread *et il vaut vraiment la peine d'être essayé. La recette contient des raisins de Corinthe, une variété de petits raisins sans pépins. Vous pouvez les remplacer par des raisins secs.*

Lorsque vous cuisinez avec une poêle ou un moule en fonte, vos aliments sont enrichis de fer.

La papaye est un fruit tropical riche en potassium et en vitamines A et C. Vous pouvez la remplacer par la même quantité de cantaloup.

Donne 10 tranches

3 c. à soupe (45 ml) de beurre mou

2 tasses (500 ml) de farine

½ c. à thé (2 ml) de sel

1 ½ c. à thé (7 ml) de levure chimique (poudre à pâte)

½ c. à thé (2 ml) de bicarbonate de soude

½ tasse (125 ml) de sucre

¾ tasse (175 ml) de raisins de Corinthe

1 œuf

1 tasse (250 ml) de babeurre (si vous n'en avez pas, prenez 2 c. à soupe/30 ml de vinaigre et ajoutez du lait écrémé ou 1 % pour obtenir 1 tasse/250 ml)

Une tranche de gâteau	
Calories	209
Glucides	38 g
Fibres	2 g
Protéines	4 g
Lipides totaux	4 g
Lipides saturés	2 g
Cholestérol	29 mg
Sodium	253 mg

1. Prenez 2 c. à soupe (30 ml) de beurre mou et graissez généreusement le fond et les côtés d'une poêle en fonte de 10 po (25 cm) ou d'un moule à pain de 5 po (2 litres). Mettez le beurre restant (1 c. à soupe/15 ml) au micro-ondes environ 20 secondes. Réservez le beurre fondu.

2. Dans un bol, mélangez la farine, le sel, la levure chimique (poudre à pâte), le bicarbonate de soude et le sucre. Tamisez les grumeaux restants.

3. Ajoutez les raisins de Corinthe aux ingrédients secs et remuez-les pour bien les enrober de farine.

4. Dans un petit bol, battez l'œuf à l'aide d'une fourchette. Ajoutez le babeurre et le beurre fondu à l'œuf et remuez à l'aide d'une fourchette.

5. Ajoutez le mélange de babeurre aux ingrédients secs et mélangez jusqu'à consistance lisse.

6. Versez la pâte épaisse dans le moule graissé et pressez le dessus à l'aide d'une cuillère ou d'une spatule.

7. Faites cuire au four à 350 °F (175 °C) environ 40 min, jusqu'à ce que le gâteau soit doré. Laissez-le refroidir un peu, puis démoulez-le dans une assiette. Laissez reposer quelques minutes, puis retournez-le à nouveau pour le couper en tranches. Servez-le pendant qu'il est encore tiède.

	Gros repas	Petit repas
Glucides	4	3
Matières grasses	1 ½	1

Menu du déjeuner	Gros repas (370 calories)	Petit repas (250 calories)
Gâteau irlandais aux raisins de Corinthe	1 tranche	1 tranche
Margarine	1 c. à thé (5 ml)	–
Confitures ou marmelade	1 c. à soupe (15 ml) (régulières)	1 c. à thé (5 ml) (régulières) ou 2 c. à thé (10 ml) («diète»)
Papaye et jus de lime	½ petite	½ petite
Thé ou café	1 tasse (250 ml)	1 tasse (250 ml)

Dîners

DÎNER 1

Sandwich et lait

Les choix de glucides indiqués dans ce livre s'appuient sur les glucides utilisables fournis par l'ensemble des ingrédients. Les nombres indiqués sont environ 25 % supérieurs à ceux de la ressource Guide pratique (voir p. 42).

Il existe un grand choix de garnitures nutritives pour les sandwiches : rôti de bœuf (illustré sur la photo), poulet ou poitrine de dinde, viandes maigres, fromage, œufs ou poisson. Pour un choix plus faible en sel, utilisez des viandes cuites à la maison plutôt que des produits de charcuterie. Le thon, le saumon et les sardines sont aussi de bons choix (voir le sandwich au thon du Dîner 12).

Chacun des sandwichs illustrés contient 2 c. à thé (10 ml) de mayonnaise légère. Si vous le désirez, vous pouvez éliminer complètement les matières grasses et les remplacer par 1 c. à thé (5 ml) de relish ou de moutarde, ou encore par 1 c. à soupe (15 ml) de salsa. Ces assaisonnements ne contiennent pas beaucoup de matières grasses.

Si vous préférez une garniture hachée, coupez un peu de céleri, d'oignon, de poivron vert ou de tout autre légume que vous mélangerez à une petite quantité de mayonnaise légère. Il est préférable d'incorporer la mayonnaise à la garniture plutôt que de l'étendre sur le pain.

Servez un légume d'accompagnement, par exemple trois radis, une branche de céleri, quelques tranches de tomate ou des rondelles de poivron vert.

Une portion de cantaloup ou d'un autre fruit complète bien ce repas.

Vous pouvez prendre 1 tasse (250 ml) de lait écrémé, de lait 1 % ou de babeurre, ou encore ¾ tasse (175 ml) de yogourt faible en gras. Si vous mettez une tranche de fromage dans votre sandwich, vous devez supprimer le lait.

	Gros repas	Petit repas
Glucides	4 ½	3 ½
Viandes et substituts	2	1
Matières grasses	1	1

Menu du dîner	Gros repas (520 calories)	Petit repas (400 calories)
Sandwich à la viande	1 ½ sandwich	1 sandwich
• pain de seigle léger	• 3 tranches	• 2 tranches
• rosbif	• 2 oz (60 g)	• 1 oz (30 g)
• mayonnaise légère	• 1 c. à soupe (15 ml)	• 2 c. à thé (10 ml)
• laitue	• 2 grandes feuilles	• 2 grandes feuilles
Radis	3	3
Cantaloup	½ petit (1 ½ tasse /375 ml en dés)	½ petit (1 ½ tasse /375 ml en dés)
Lait écrémé ou 1 %	1 tasse (250 ml)	1 tasse (250 ml)

DÎNER 2

Fèves au lard et rôties

Pour varier, remplacez les fèves au lard par du spaghetti en conserve.

Lisez bien les étiquettes des barres de crème glacée légères. Choisissez celles qui contiennent moins de 50 calories. Une barre de crème glacée ordinaire contient au moins 150 calories.

Vous pouvez remplacer la barre de crème glacée légère ou la barre de yogourt glacé maison par ¹/₂ tasse (125 ml) de lait.

Réchauffez le contenu d'une boîte de fèves au lard et servez-en une portion (tel qu'illustré) accompagnée d'une rôtie et d'un légume frais. Enlevez les morceaux de lard ou encore achetez des haricots secs dans la sauce tomate.

Pour varier, remplacez la rôtie par de la bannique (voir la recette à la page 133) ou par un autre type de pain.

Si vous n'avez pas de céleri, une tomate tranchée ou ½ tasse (125 ml) de jus de tomate ou de légumes feront l'affaire.

Achetez des barres de crème glacée portant la mention «légère» ou «faible en gras» qui sont sucrées à l'aide d'un édulcorant hypocalorique. Elles sont délicieuses et contiennent du calcium. Pour un délice faible en matières grasses et en calories, préparez vos propres barres de yogourt glacé.

Barres de yogourt glacé

Donne 8 barres

2 tasses (500 ml) de yogourt nature de lait écrémé

½ c. à thé (2 ml) de cristaux sans sucre à saveur de fruits

1. Incorporez les cristaux au yogourt.
2. Versez dans des contenants et mettre au congélateur.

Une barre de yogourt glacé	
Calories	32
Glucides	5 g
Fibres	0 g
Protéines	3 g
Lipides totaux	0 g
Lipides saturés	0 g
Cholestérol	1 mg
Sodium	46 mg

	Gros repas	Petit repas
Glucides	4 ½	3
Viandes et substituts	2	1
Matières grasses	1	1 ½

Menu du dîner	Gros repas (520 calories)	Petit repas (400 calories)
Fèves au lard en conserve	1 tasse (250 ml)	½ tasse (125 ml)
Rôties	1 ½ tranche	1 ½ tranche
Margarine	2 c. à thé (10 ml)	2 c. à thé (10 ml)
Bâtonnets de céleri	2 branches	2 branches
Barre de yogourt glacé	1	1

DÎNER 3

Soupe au poulet et bagel

Au lieu du saumon et du fromage à la crème, vous pouvez garnir votre bagel de:

- *1 oz (30 g) ou une tranche mince de fromage ou de viande (jambon ou dinde). Limitez votre consommation de viandes grasses, comme le saucisson de Bologne et le salami;*
- *¼ tasse (60 ml) de poisson en conserve;*
- *2 c. à soupe (30 ml) de beurre d'arachide.*

Les soupes en conserve ou en sachet sont faciles à préparer et prêtes en un clin d'œil. Pour les rendre plus nutritives, ajoutez-y une poignée de légumes congelés. Ne consommez pas trop de crèmes, car elles sont plus riches en matières grasses. Essayez cette recette.

Soupe au riz et au poulet

Donne 7 ½ tasses (1,875 litre)

2 carottes moyennes, hachées

1 oignon moyen, haché

2 branches de céleri hachées

¼ tasse (60 ml) de riz (non cuit)

1 sachet de soupe aux nouilles et au poulet de 60 g (2 oz)

1 c. à thé (5 ml) de bouillon de poulet ou ½ cube

¼ c. à thé (1 ml) d'aneth séché

6 tasses (1,5 litre) d'eau

Une portion de 1 ½ tasse (375 ml)	
Calories	67
Glucides	13 g
Fibres	1 g
Protéines	2 g
Lipides totaux	1 g
Lipides saturés	0 g
Cholestérol	6 mg
Sodium	316 mg

1. Hachez les carottes, l'oignon et le céleri.
2. Mettez tous les ingrédients dans une casserole de taille moyenne.
3. Couvrez et laissez mijoter environ 20 minutes, jusqu'à ce que les carottes soient cuites. Brassez de temps en temps.

Il est important de noter que le bagel de ce repas pèse 2 oz (60 g) et mesure 3 po (7,5 cm). Il équivaut à 2 tranches de pain. Les bagels plus gros peuvent équivaloir jusqu'à 5 tranches de pain et plus.

Ce bagel est servi avec du fromage à la crème léger, du saumon, des tomates et des oignons. Pour faire changement, essayez le saumon fumé.

	Gros repas	Petit repas
Glucides	4 ½	3 ½
Viandes et substituts	1	1
Matières grasses	2	1

Menu du dîner	Gros repas (520 calories)	Petit repas (400 calories)
Soupe au poulet et au riz	1 ½ tasse (375 ml)	1 ½ tasse (375 ml)
Craquelins (biscuits soda)	2	2
Bagel	1 (ou 2 tranches de pain)	½ (ou 1 tranche de pain)
Fromage à la crème léger (20 % de gras)	1 c. à soupe (15 ml)	1 c. à soupe (15 ml)
Saumon rose ou rouge en conserve	¼ tasse (60 ml)	¼ tasse (60 ml)
Tomate	½ moyenne	½ moyenne
Oignon tranché	2 tranches	2 tranches
Orange	1 moyenne	1 moyenne

DÎNER 4

Macaroni au fromage

Si vous voulez accompagner ce dîner d'une tranche de pain légèrement beurrée, réduisez votre portion de macaroni au fromage de ¹/₂ tasse (125 ml).

Si vous n'avez pas de haricots verts ou jaunes, choisissez un des légumes suivants:

- *jusqu'à trois branches de céleri;*
- *une carotte moyenne;*
- *une grosse tomate;*
- *la moitié d'un concombre moyen.*

Le macaroni au fromage en boîte est un excellent choix pour le dîner. Faites cuire le macaroni, puis ajoutez le lait et le fromage en poudre. Il n'est pas nécessaire d'ajouter de beurre ni de margarine.

Pour augmenter votre apport de calcium, ajoutez 2 c. à soupe (30 ml) de lait écrémé en poudre au macaroni au fromage.

Pour un bon macaroni au fromage maison, suivez la recette proposée au Souper 18.

Des haricots jaunes ou verts frais, surgelés ou en conserve accompagnent ce repas. Faites cuire les légumes à la vapeur ou au four à micro-ondes, ou encore faites-les bouillir légèrement. Les légumes trop cuits perdent une quantité importante de vitamines et de minéraux essentiels et ils ont un goût plus fade.

Quelques olives ou une tranche d'avocat sont de bonnes sources de graisses mono-insaturées qui favorisent la santé.

	Gros repas	Petit repas
Glucides	6 ½	4 ½
Matières grasses	1 ½	1

Menu du dîner	Gros repas (520 calories)	Petit repas (400 calories)
Macaroni au fromage (sans matières grasses ajoutées)	1 ½ tasse (375 ml)	1 tasse (250 ml)
Haricots verts	1 tasse (250 ml)	1 tasse (250 ml)
Olives vertes	3	1
Pomme	1 moyenne	1 moyenne

PETIT REPAS

Sandwich grillé au fromage et à la tomate

La mayonnaise contient à peu près la même quantité de calories que la margarine ou le beurre. La mayonnaise et la margarine réduites en calories ne renferment que le tiers des calories ou moins que les produits réguliers. Ces choix légers contiennent moins de 45 calories par cuillerée à soupe (15 ml).

Les salades de chou commerciales contiennent des vinaigrettes très riches en matières grasses. Essayez cette recette faible en matières grasses.

Salade de chou

Donne 6 ½ tasses (1,625 litre)

4 tasses (1 litre) de chou coupé fin	
4 carottes moyennes, râpées	
4 branches de céleri finement hachées	
1 petit oignon	
3 c. à soupe (45 ml) de mayonnaise légère	
1 c. à soupe (15 ml) de sucre	
¼ tasse (60 ml) de vinaigre	
¼ c. à thé (1 ml) de poudre d'ail	
Sel et poivre au goût	

Une portion de ½ tasse (125 ml)	
Calories	33
Glucides	5 g
Fibres	1 g
Protéines	1 g
Lipides totaux	1 g
Lipides saturés	0 g
Cholestérol	1 mg
Sodium	47 mg

1. Coupez le chou en fines lamelles, râpez les carottes et hachez finement le céleri et l'oignon. Mélangez les légumes dans un grand bol.
2. Dans un petit bol, mélangez la mayonnaise, le sucre, le vinaigre, la poudre d'ail, le sel et le poivre. Ajoutez ce mélange aux légumes et mélangez bien.
3. Couvrez et conservez au réfrigérateur. Se conserve facilement une semaine.

	Gros repas	Petit repas
Glucides	4 ½	3
Viandes et substituts	1	½
Matières grasses	3	2
Extras	-	1

Menu du dîner	Gros repas (520 calories)	Petit repas (400 calories)
Sandwich grillé au fromage et à la tomate	1 ½ sandwich	1 sandwich
• pain	• 3 tranches	• 2 tranches
• fromage	• 1 ½ tranche	• 1 tranche
• tomate	• 1 grosse	• 1 moyenne
• laitue	• 1-2 feuilles	• 1-2 feuilles
• mayonnaise légère	• 2 c. à thé (10 ml)	• 2 c. à thé (10 ml)
Salade de chou (ou légumes crus)	½ tasse (125 ml)	½ tasse (125 ml)
Cerises	½ tasse (125 ml)	½ tasse (125 ml)
Lait écrémé ou 1 %	½ tasse (125 ml)	½ tasse (125 ml)

DÎNER 6

Soupe et assiette froide

Achetez du fromage plus faible en matières grasses:
- *fromage cottage à 1%;*
- *fromage en bloc contenant 20% de matières grasses ou moins.*

Choisissez une soupe de légumes en sachet ou en conserve. Les soupes en sachet contiennent habituellement moins de calories que les soupes en conserve.

Pour un choix plus faible en sel, préparez une soupe maison avec du bouillon de poulet ou de bœuf sans sel, vos légumes préférés, des fines herbes et du poivre.

Les craquelins (biscuits soda) contiennent beaucoup moins de lipides que les autres types de craquelins. Choisissez de préférence des craquelins non saupoudrés de sel.

Vous pouvez remplacer le petit pain brun par une tranche de pain, ½ muffin anglais, un petit muffin au son, quatre biscottes Melba ou sept biscuits soda.

Si vous n'avez pas l'habitude de manger du fromage cottage, remplacez-le par une tranche de fromage à pâte dure faible en matières grasses.

Vous pouvez remplacer le cornichon à l'aneth par 14 rondelles de piments forts marinés. Pour un choix moins salé, optez pour des concombres trempés dans le vinaigre.

Pour terminer ce repas, vous avez droit à une portion de fruits frais, surgelés ou en conserve (dans l'eau ou le jus).

	Gros repas	Petit repas
Glucides	4 ½	4 ½
Viandes et substituts	4	2

Menu du dîner	Gros repas (520 calories)	Petit repas (400 calories)
Soupe aux légumes (en sachet)	1 tasse (250 ml)	1 tasse (250 ml)
Assiette froide:		
• fromage cottage 1%	1 tasse (250 ml)	½ tasse (125 ml)
• pêches	2 moitiés	2 moitiés
• cornichon à l'aneth	1 moyen	1 moyen
• laitue	5 grandes feuilles	5 grandes feuilles
• tomate	1 moyenne	1 moyenne
• oignons verts	4	4
• petit pain de blé entier	1	1
• biscuits à l'arrowroot	3	3

DÎNER 7

Sandwich au beurre d'arachide et à la banane

Le dimanche, mon père raffole d'un sandwich au beurre d'arachide et à l'oignon. Si vous aimez l'oignon, mettez-en autant que vous en voulez dans votre sandwich au beurre d'arachide. Consommez un fruit à part.

Je ne me lasse jamais des sandwiches au beurre d'arachide et à la banane.

Vous pouvez aussi mélanger le beurre d'arachide à de la confiture ou du miel. Limitez-vous à 1 c. à thé (5 ml) de confitures ou de miel ou à 2 c. à thé (10 ml) de confitures «diète». Servez la moitié de la banane ou un autre fruit à part.

Accompagnez ce repas d'un jus de légumes ou de bâtonnets de carotte, comme sur la photo, ou de tout autre légume frais.

Vous pouvez choisir entre ¾ tasse (175 ml) de yogourt léger et 1 tasse (250 ml) de lait à faible teneur en matières grasses.

Des idées pour le yogourt

- *Les yogourts réguliers aromatisés aux fruits peuvent contenir 3 c. à thé (15 ml) ou plus de sucre par portion de ½ tasse (125 ml). Vous pouvez les remplacer par des yogourts sucrés avec des édulcorants hypocaloriques.*
- *Mélangez un contenant de yogourt nature écrémé avec un contenant de yogourt aux fruits régulier. Le mélange contiendra 1 ½ c. à thé (7 ml) de sucre par ½ tasse (125 ml).*
- *Faites votre propre yogourt aux fruits en ajoutant simplement des fruits à du yogourt nature faible en gras. Ajoutez un édulcorant hypocalorique si vous le désirez.*

	Gros repas	Petit repas
Glucides	5	4
Viandes et substituts	1	½
Matières grasses	3 ½	2

Menu du dîner	Gros repas (520 calories)	Petit repas (400 calories)
Sandwich au beurre d'arachide et à la banane	1 ½ sandwich	1 sandwich
• pain blanc	• 3 tranches	• 2 tranches
• beurre d'arachide	• 1 ½ c. à soupe (25 ml)	• 1 c. à soupe (15 ml)
• petite banane	• ½	• ½
Bâtonnets de carotte	1 carotte moyenne	1 carotte moyenne
Jus de tomate ou de légumes	½ tasse (125 ml)	½ tasse (125 ml)
Yogourt faible en gras (avec édulcorant hypocalorique)	¾ tasse (175 ml)	¾ tasse (175 ml)

DÎNER 8

Sandwich pita

Garnissez vos pitas d'une grande quantité de légumes et de quelques protéines.

Vous pouvez farcir votre pita avec les légumes suivants :

- laitue et tomate ;
- germes de haricot ou de luzerne ;
- carottes râpées ;
- poivron vert haché.

Voici quelques idées pour remplacer le fromage et le jambon

(les portions indiquées correspondent à celles d'un grand repas) :

- ½ tasse (125 ml) de thon ou de saumon en conserve dans l'eau ;
- ¾ tasse (175 ml) de fromage cottage 1 % ;
- 3 oz (85 ml) de tofu ferme haché ;
- 2 c. à soupe (30 ml) de beurre d'arachide.

Ajoutez du lait ou un autre produit laitier (yogourt ou barre de crème glacée « diète ») pour compléter ce repas.

	Gros repas	Petit repas
Glucides	4 ½	3 ½
Viandes et substituts	2	1 ½
Matières grasses	1 ½	½

Menu du dîner	Gros repas (520 calories)	Petit repas (400 calories)
Pita	1 de 6 po (15 cm)	1 de 6 po (15 cm)
• laitue	¼ tasse (60 ml), hachée	¼ tasse (60 ml), hachée
• tomate	½ moyenne	½ moyenne
• germes de haricot	¼ tasse (60 ml)	¼ tasse (60 ml)
• carotte	½ petite	½ petite
• poivron vert	2 c. à soupe (30 ml), haché	2 c. à soupe (30 ml), haché
• jambon maigre	1 oz (30 g)	1 oz (30 g)
• cheddar râpé	¼ tasse (60 ml)	2 c. à soupe (30 ml)
Prunes	2 moyennes	1 moyenne
Lait écrémé ou 1 %	½ tasse (125 ml)	½ tasse (125 ml)
Biscuits au gingembre	2	—

PETIT REPAS

DÎNER 9

Soupe, salade du chef et petit pain

Lorsque vous commandez une salade au restaurant, demandez qu'on vous apporte un peu de vinaigrette faible en gras à part. Autrement, votre salade risque de baigner dans l'huile et d'être aussi grasse que les frites de votre voisin de table.

Au restaurant, les salades sont souvent servies avec du pain à l'ail gras. Demandez plutôt un petit pain ordinaire ou des bâtonnets de pain.

Que vous dîniez à la maison ou au restaurant, vous aurez peut-être le goût d'une soupe, accompagnée d'une salade et d'un petit pain.

Vous trouverez une recette de salade du chef ci-dessous et une recette de vinaigrette aux agrumes à la page 137.

Salade du chef

Donne 2 portions

Une portion	
Calories	243
Glucides	21 g
Fibres	4 g
Protéines	13 g
Lipides totaux	13 g
Lipides saturés	6 g
Cholestérol	208 mg
Sodium	229 mg

2 tasses (500 ml) de laitue hachée

2 tomates moyennes, tranchées

Autres légumes au choix (oignons, poivrons verts, céleri, radis ou carottes)

1 pomme tranchée

2 tranches de fromage ou de viandes froides

2 œufs durs, tranchés

2 c. à soupe (30 ml) de croûtons

1. Mélangez les légumes et la pomme. Placez la viande ou le fromage ainsi que les œufs sur le dessus.
2. Ajoutez les croûtons et une vinaigrette sans huile.

	Gros repas	Petit repas
Glucides	3	2 ½
Viandes et substituts	1 ½	1 ½
Matières grasses	4 ½	3

Menu du dîner	Gros repas (520 calories)	Petit repas (400 calories)
Crème de champignon ou de tomate (faite avec de l'eau)	1 tasse (250 ml)	bouillon clair réduit en sodium (facultatif)
Craquelins de blé	2 moitiés	—
Salade du chef	1 portion (½ recette)	1 portion (½ recette)
Vinaigrette aux agrumes	2 c. à soupe (30 ml)	2 c. à soupe (30 ml)
Petit pain blanc	1	1
Margarine	½ c. à thé (2 ml)	½ c. à thé (2 ml)

DÎNER 10

Soupe à l'oignon gratinée

Une autre façon de préparer cette soupe consiste à utiliser un sachet de mélange à l'oignon séché pour soupe (contenant des flocons d'oignons) pour remplacer le bouillon et les oignons.

Les mélanges à soupe et les bouillons contiennent beaucoup de sel. Recherchez les variétés «faibles en sel».

On utilise dans cette recette du fromage régulier, car le fromage faible en gras ne brunit pas aussi bien.

Voici une recette de soupe à l'oignon gratinée facile à préparer à la maison.

Vous pouvez choisir d'autres soupes consistantes comme la soupe aux pois cassés ou aux haricots secs en conserve, ou encore la soupe de bœuf haché maison (voir la recette à la page 132). Vous pouvez aussi consommer une soupe-crème à base de lait garnie de quelques légumes.

Soupe à l'oignon gratinée

Donne 4 portions

Une portion	
Calories	218
Glucides	23 g
Fibres	2 g
Protéines	11 g
Lipides totaux	9 g
Lipides saturés	5 g
Cholestérol	27 mg
Sodium	621 mg

3 sachets (de 4,5 g chacun) de mélange de bouillon de bœuf réduit en sel

4 tasses (1 litre) d'eau

2 oignons moyens finement tranchés

4 tranches de pain blanc grillées

4 oz (125 g) de fromage suisse ou mozzarella — cela équivaut à 4 tranches de fromage carrées ayant des côtés de 4 po (10 cm) et ⅛ po (0,3 cm) d'épaisseur

1. Dans une casserole, versez le mélange à bouillon, l'eau et les oignons tranchés. Amenez à ébullition. Réduisez le feu et laissez mijoter pendant 15 minutes ou jusqu'à ce que les oignons soient tendres.
2. Versez la soupe dans des bols allant au four.
3. Découpez les rôties en carrés. Placez un carré de pain rôti dans chaque bol. Recouvrez le tout d'une tranche de fromage suisse.
4. Faites griller au four jusqu'à ce que le fromage forme des bulles.

	Gros repas	Petit repas
Glucides	4 ½	3 ½
Viandes et substituts	1	1
Matières grasses	3	2

Menu du dîner	Gros repas (520 calories)	Petit repas (400 calories)
Soupe à l'oignon	1 portion	1 portion
Salade verte	grosse	grosse
Vinaigrette aux agrumes (p. 137)	2 c. à soupe (30 ml)	2 c. à soupe (30 ml)
Pain de seigle	1 tranche	–
Margarine	1 c. à thé (5 ml)	–
Poire	1 moyenne	1 moyenne

Soupers

Poulet au four et pommes de terre

Cette recette de mélange d'épices pour poulet est suffisante pour la préparation de plusieurs repas. Dans un pot à fermeture hermétique, mélangez 2 c. à thé (10 ml) d'origan et 1 c. à thé (5 ml) de thym, de paprika, de poivre et de poudre de chili. Assaisonnez le poulet sans peau avec ce mélange.

Il est important d'enlever la peau grasse du poulet. Assaisonnez-le avec le mélange d'épices pour poulet (voir encadré à gauche) qui ne contient ni sucre ni sel. Ou roulez le poulet dans de la chapelure prête à utiliser (type Shake'n Bake) ou badigeonnez-le légèrement de sauce barbecue.

Faites cuire les morceaux de poulet pendant environ une heure au four à 350 °F (175 °C) sur une grille pour permettre au surplus de graisse de s'égoutter. Ou faites-le griller au barbecue. Vous pouvez aussi le cuire dans un poêlon antiadhésif dans un peu de sauce barbecue et d'eau. Le poulet est cuit quand on peut percer la chair avec une fourchette et qu'il ne s'écoule aucun liquide rosé. Vous pouvez aussi utiliser un thermomètre; la température interne du poulet doit atteindre 170 °F (75 °C).

Comparez la teneur en lipides et en sucre d'un poulet acheté dans un comptoir de restauration rapide et d'un poulet cuit au four dont vous avez enlevé la peau et la graisse.

La poitrine de poulet illustrée sur la photo du petit repas contient:

- 1 c. à thé (5 ml) de lipides;
- aucun sucre.

Le même morceau de poulet, pané et frit, acheté dans un établissement de restauration rapide contient:

- 4 c. à thé (20 ml) de lipides;
- 3 c. à thé (15 ml) de sucre ou d'amidon.

Consommez votre pomme de terre nature avec 1 c. à thé (5 ml) de beurre ou de margarine, ou encore 1 c. à soupe (15 ml) de crème sure légère.

Ce plat est servi avec les légumes suivants: céleri, radis et mélange de légumes surgelés.

Mélange pour pouding facile à préparer

Les poudings légers sucrés à l'aide d'un édulcorant hypocalorique sont une bonne source de calcium et contiennent moins de calories que les poudings ordinaires. Préparez votre pouding avec du lait écrémé. Le pouding illustré est au caramel écossais, mais vous pouvez choisir votre saveur préférée.

> *Les mousses et les poudings légers vendus dans le commerce devraient contenir moins de 75 calories par portion de ½ tasse (125 ml).*
> *Vous pouvez remplacer le pouding par 1 tasse (250 ml) de lait faible en matières grasses.*
> *Les choix de glucides indiqués dans ce livre s'appuient sur les glucides utilisables fournis par l'ensemble des ingrédients. Les nombres indiqués sont environ 25 % supérieurs à ceux de la ressource* Guide pratique *(voir p. 42).*

> *Vous pouvez remplacer le mélange de légumes surgelés par un de ces légumes sucrés:*
> - *petits pois;*
> - *carottes;*
> - *panais;*
> - *betteraves;*
> - *navet;*
> - *courge (orange).*

	Gros repas	Petit repas
Glucides	5 ½	4
Viandes et substituts	6	4

Menu du souper	Gros repas (730 calories)	Petit repas (550 calories)
Poulet au four	1 ½ poitrine (5 oz/150 g), cuite	1 poitrine (3 ½ oz/105 g), cuite
Pomme de terre au four, avec pelure	1 grosse ou 1 ½ moyenne	1 moyenne
Crème sure légère	1 ½ c. à soupe (22 ml)	1 c. à soupe (15 ml)
Légumes mélangés	¾ tasse (175 ml)	¾ tasse (175 ml)
Radis	4	4
Céleri	1 branche	1 branche
Pouding léger au caramel écossais	½ tasse (125 ml)	½ tasse (125 ml)

PETIT REPAS

Spaghetti sauce à la viande

Il est important de toujours faire revenir le bœuf haché (ordinaire ou maigre) et d'enlever ensuite le plus de graisse possible de la poêle.

Pour enlever le surplus de graisse, ajoutez un peu d'eau chaude à la viande cuite, puis égouttez.

Pour préparer une sauce à spaghetti sans viande, suivez la même recette, mais supprimez la viande et la pâte de tomate (étape 1). Pour avoir des protéines, saupoudrez votre spaghetti de 5 c. à soupe (75 ml) de fromage râpé ou de 3 c. à soupe (45 ml) de graines de tournesol ou de noix hachées. Diminuez les quantités pour le petit repas.

Certaines sauces à spaghetti achetées à l'épicerie (en pots de verre ou en boîte de conserve) contiennent une grande quantité de lipides, de sucre ou d'amidon. Par exemple, 1 tasse (250 ml) de sauce sans viande contient parfois 2 c. à thé (10 ml) de matières grasses ajoutées et 4 c. à thé (20 ml) de sucre ou d'amidon ajoutés. Si vous achetez votre sauce à spaghetti, choisissez une sauce portant la mention «légère».

Le spaghetti sauce à la viande est un plat populaire, facile à préparer. Je double souvent cette recette et je congèle le surplus. Il est toujours pratique d'avoir de la sauce à spaghetti au congélateur.

Sauce à la viande

Donne 6 tasses (1,5 litre) de sauce

Une portion de 1 tasse (250 ml)	
Calories	200
Glucides	17 g
Fibres	4 g
Protéines	17 g
Lipides totaux	8 g
Lipides saturés	3 g
Cholestérol	40 mg
Sodium	296 mg

1 lb (454 g) de bœuf haché, maigre

1 oignon moyen

1 boîte de 28 oz (796 ml) de tomates

1 tasse (250 ml) d'eau

1 petite boîte de 5 oz (156 ml) de pâte de tomate

½ c. à thé (2 ml) de poudre d'ail

2 feuilles de laurier (les retirer avant de servir)

½ c. à thé (2 ml) de poudre de chili

1 c. à thé (5 ml) d'origan

1 c. à thé (5 ml) de basilic

¼ c. à thé (1 ml) de paprika

⅛ c. à thé (0,5 ml) de cannelle moulue

⅛ c. à thé (0,5 ml) de clou de girofle moulu

1 tasse (250 ml) de légumes hachés (poivron vert, céleri ou champignons)

1. Faites revenir le bœuf haché jusqu'à ce qu'il brunisse. Enlevez le plus de graisse possible de la poêle.
2. Ajoutez le reste des ingrédients.
3. Amenez à ébullition, puis réduisez le feu. Couvrez et laissez mijoter pendant 2 heures. Remuez de temps en temps pour que la sauce ne colle pas au fond. Si elle épaissit trop, ajoutez de l'eau.
4. Servez sur du spaghetti chaud. Ajoutez du parmesan au goût.

Plongez le spaghetti (ordinaire ou de blé entier) dans une casserole d'eau bouillante, remuez et faites cuire environ 10 minutes. Égouttez.

Servez ce plat avec des carottes.

Utilisez une vinaigrette sans huile. Pour vous renseigner sur les vinaigrettes légères, voir le Souper 7, à la page 137.

La gélatine légère est faible en calories. C'est un bon choix de dessert après un repas copieux. Elle se prépare en quelques minutes, mais vous devez la laisser reposer environ deux heures au réfrigérateur jusqu'à ce qu'elle prenne une consistance ferme. Si vous trouvez que les sachets de gélatine légère coûtent trop cher, essayez cette recette facile.

Pour varier, fouettez la gélatine (voir le Souper 10, à la page 149). Dans la version fouettée, vous obtenez 4 tasses (1 litre) au lieu de 2 tasses (500 ml).

Les sucettes glacées commerciales sans sucre constituent un bon dessert faible en calories.

Gélatine légère
Donne 2 tasses (500 ml)

1 sachet de gélatine non aromatisée

½ sachet de Kool-Aid ou de Freshie ordinaire

1 tasse (250 ml) d'eau froide

1 tasse (250 ml) d'eau bouillante

Édulcorant hypocalorique — l'équivalent de ¼ tasse (60 ml) de sucre (utilisez-en plus ou moins, à votre goût)

Une portion de ½ tasse (250 ml)	
Calories	13
Glucides	2 g
Fibres	0 g
Protéines	2 g
Lipides totaux	0 g
Lipides saturés	0 g
Cholestérol	0 mg
Sodium	19 mg

1. Faites dissoudre la gélatine non aromatisée dans ½ tasse (125 ml) d'eau froide.
2. Ajoutez le Kool-Aid et 1 tasse (250 ml) d'eau bouillante. Remuez jusqu'à ce que la gélatine soit bien mélangée.
3. Ajoutez ½ tasse (125 ml) d'eau froide et l'édulcorant hypocalorique.
4. Réfrigérez jusqu'à consistance ferme (environ 2 heures).

	Gros repas	Petit repas
Glucides	7	6
Viandes et substituts	2	1
Matières grasses	1 ½	1

Menu du souper	Gros repas (730 calories)	Petit repas (550 calories)
Spaghetti cuit	1 ½ tasse (375 ml)	1 ½ tasse (375 ml)
Sauce à la viande	1 ¼ tasse (300 ml)	¾ tasse (175 ml)
Carottes cuites	½ tasse (125 ml)	½ tasse (125 ml)
Salade	moyenne	moyenne
Vinaigrette sans huile	1 c. à soupe (15 ml)	1 c. à soupe (15 ml)
Lait écrémé ou 1 %	1 tasse (250 ml)	½ tasse (125 ml)
Gélatine légère	½ tasse (125 ml)	½ tasse (125 ml)

PETIT REPAS

Poisson et riz

Vous pouvez faire griller le poisson ou le cuire au four à 350 °F (175 °C). Le poisson sur la photo est un vivaneau cuit au four et badigeonné d'un peu de margarine. Vous pouvez également le faire cuire au four à micro-ondes, à la vapeur, sur le barbecue ou encore le faire griller ou frire dans une poêle à surface anti-adhésive dans une petite quantité de matières grasses. Si vous le préparez au four ou sur votre barbecue, enveloppez-le de papier d'aluminium. Le poisson est délicieux lorsqu'il est cuit avec des épices, des oignons et des légumes dans du papier d'aluminium.

Poissons maigres :
- *tassergal,*
- *barbue de rivière,*
- *morue,*
- *églefin,*
- *perche,*
- *doré jaune,*
- *vivaneau,*
- *plie,*
- *tilapia.*

Poissons gras (bonnes sources d'acides gras oméga-3) :
- *maquereau,*
- *saumon,*
- *sardines,*
- *truite,*
- *thon.*

Mangez un peu moins de poissons gras.

Les épices et les herbes suivantes vont bien avec le poisson :
- *piment de la Jamaïque,*
- *basilic,*
- *épices cajun,*
- *cari,*
- *aneth,*
- *moutarde,*
- *origan,*
- *persil,*
- *thym.*

Avant de faire cuire le poisson

Piquez le poisson avec une fourchette et arrosez-le de 2 c. à soupe (30 ml) de jus de citron ou de ¼ tasse (60 ml) de vin blanc sec, puis saupoudrez-le de vos épices préférées. Vous pouvez également l'enrober de chapelure ou de farine.

Le secret pour réussir un poisson savoureux, c'est d'éviter de trop le cuire. Le poisson est cuit lorsque sa chair se défait facilement avec une fourchette.

Le riz

Suivez les instructions sur l'emballage. N'ajoutez pas de sel.

Si vous êtes pressé, vous pouvez remplacer 1 tasse (250 ml) de riz par 3 tranches de pain à grains entiers.

Le riz blanc et le riz brun cuits contiennent environ 210 calories par tasse (250 ml). Le riz brun est un meilleur choix parce qu'il contient presque 3 grammes de fibres par tasse, tandis que le riz blanc n'en contient qu'un peu plus de 0,5 gramme.

Les légumes

Ce plat est servi avec des petits pois, un légume sucré, et avec des haricots jaunes et verts, qui sont moins sucrés. On trouve une liste des légumes faibles en calories à la page 149.

Lait frappé aux fruits

Donne 2 tasses (500 ml)

Une portion de 1 tasse (250 ml)	
Calories	79
Glucides	16 g
Fibres	1 g
Protéines	4 g
Lipides totaux	0 g
Lipides saturés	0 g
Cholestérol	2 mg
Sodium	52 mg

1 tasse (250 ml) de lait écrémé

½ tasse (125 ml) d'un fruit au choix, surgelé ou frais

1 c. à soupe (15 ml) de sucre ou d'édulcorant hypocalorique

1. Versez le lait dans un bol à mélanger ou dans un mélangeur électrique. Mettez le bol ou le mélangeur au congélateur pendant une demi-heure.

2. Sortez le bol ou le mélangeur du congélateur. Ajoutez le fruit et le sucre (ou l'édulcorant hypocalorique). Passez au mélangeur électrique pendant environ 30 secondes. Si vous n'avez pas de mélangeur, mélangez dans un bol à l'aide de batteurs jusqu'à ce que le mélange devienne épais et mousseux. Servez immédiatement.

Ce lait fouetté est facile à préparer. Il est tellement épais et savoureux que vous ne vous rendrez pas compte qu'il est fait avec du lait écrémé plutôt que de la crème glacée.

Si vous doublez la recette ou si vous en faites plus que la quantité mentionnée, il faudra mettre le lait au congélateur plus longtemps.

	Gros repas	Petit repas
Glucides	5 ½	4 ½
Viandes et substituts	6	4

Menu du souper	Gros repas (730 calories)	Petit repas (550 calories)
Poisson avec tranche de citron	6 oz (180 g), cuit	4 oz (125 g), cuit
Margarine (pour cuire le poisson)	1 c. à thé (5 ml)	1 c. à thé (5 ml)
Riz brun, cuit	1 tasse (250 ml)	⅔ tasse (150 ml)
Petits pois	½ tasse (125 ml)	½ tasse (125 ml)
Haricots jaunes	1 tasse (250 ml)	1 tasse (250 ml)
Lait frappé aux fruits	1 tasse (250 ml)	1 tasse (250 ml)
Kiwi	1 moyen	1 moyen

PETIT REPAS

Rôti de bœuf

Pour du bœuf bon marché, mi-tendre et maigre, choisissez les coupes suivantes :
- *la « ronde », comme l'intérieur et l'extérieur de ronde ;*
- *la longe, comme la surlonge et la pointe de surlonge.*

Vous pouvez aussi faire cuire le rôti de bœuf dans une « mijoteuse ».

Il existe dans les épiceries des sachets de mélange pour sauce faible en gras. Il ne vous reste plus qu'à ajouter de l'eau. Ces sauces doivent contenir moins de 10 calories par portion. Choisissez celles qui portent la mention « faible en calories » ; elles portent parfois la mention « au jus ».

Utilisez du bouillon maison pour réduire la teneur en sel de la sauce.

Assaisonnements pour la sauce
- *champignons*
- *sauce piquante*
- *poivre*
- *sauce Worcestershire*
- *ail*
- *sauce soya réduite en sel*

Pour préparer un rôti savoureux

- Déposez le rôti sur une grille dans une rôtissoire sans couvercle. Ajoutez 1 tasse (250 ml) d'eau. Poivrez la viande, mais ne la salez pas (le sel a tendance à la rendre plus sèche). Faites cuire au four à 500 °F (260 °C) pendant 30 minutes.
- Réduisez la chaleur du four à 275 °F (135 °C). Laissez le rôti à découvert et prolongez la cuisson pendant une heure et demie pour un rôti de 5 lb (2,3 kg).

Après avoir retiré le rôti de la rôtissoire, enlevez le gras à la cuillère. Pour vous faciliter la tâche, mettez quelques cubes de glace dans le jus de viande et le gras s'y collera. Retirez ensuite les cubes de glace avec une cuillère. Si vous avez le temps de laisser refroidir le jus, vous pourrez alors retirer facilement le gras figé. Vous pouvez servir le jus de viande tel quel ou l'épaissir en suivant la recette suivante.

Sauce faible en gras

Donne 2 ⅓ tasses (575 ml)

	Une portion de ¼ tasse (60 ml)	
1 ou 2 sachets (4,5 g chacun) de mélange pour bouillon de bœuf réduit en sel (pour la volaille, utilisez du bouillon de poulet) ou	Calories	22
	Glucides	4 g
	Fibres	0 g
1 c. à thé (5 ml) de mélange pour soupe à l'oignon	Protéines	1 g
	Lipides totaux	0 g
1 c. à soupe (15 ml) d'oignon haché fin	Lipides saturés	0 g
	Cholestérol	0 mg
2 tasses (500 ml) de liquide (jus de viande sans graisse ou eau de cuisson des pommes de terre ou encore d'un autre légume)	Sodium	83 mg
¼ tasse (60 ml) de fécule de maïs ou de farine instantanée		
½ tasse (125 ml) d'eau froide		

1. Mettez le bouillon de bœuf et le mélange de soupe à l'oignon dans les 2 tasses (500 ml) de liquide chaud.
2. Dans un pot, mélangez la farine et l'eau froide. Refermez bien le couvercle et agitez. Incorporez lentement ce mélange au bouillon chaud et faites cuire à feu moyen. Remuez souvent avec un fouet jusqu'à ce que la sauce devienne épaisse et lisse, soit environ 5 minutes.

Pour préparer les pommes de terre au four, pelez puis faites cuire les pommes de terre pendant une heure sur une grille ou dans une casserole anti-adhésive ou graissée. Enrobez-les ensuite de vinaigrette italienne sans huile ou saupoudrez-les d'épices.

Servez ce plat avec des betteraves, comme sur la photo, des carottes, des petits pois ou un autre légume.

Pour dessert, servez la compote de rhubarbe avec de la crème glacée faible en matières grasses (10% M.G.), du sorbet, du yogourt glacé ou du lait glacé. Si vous ne voulez pas de dessert, buvez une tasse de lait (250 ml) avec votre repas.

> *Assaisonnez votre rôti de bœuf avec du raifort; ce condiment ne contient pas beaucoup de matières grasses.*
>
> *On peut faire cuire certains légumes au four, comme les carottes, en les plaçant sur une grille.*

Compote de rhubarbe

Donne 1 ³/₄ tasse (425 ml)

4 tasses (1 litre) de rhubarbe (fraîche ou surgelée) en morceaux de 1 po (2,5 cm)

2 c. à soupe (30 ml) d'eau

½ c. à thé (2 ml) de mélange à boisson sans sucre (à la fraise ou à la framboise)

Un soupçon de cannelle

Une portion de 1 tasse (250 ml)	
Calories	64
Glucides	15 g
Fibres	5 g
Protéines	3 g
Lipides totaux	1 g
Lipides saturés	0 g
Cholestérol	0 mg
Sodium	21 mg

1. Dans une casserole épaisse, mettez la rhubarbe et l'eau, puis faites cuire à feu doux. Au besoin, ajoutez de l'eau. Laissez mijoter environ 15 minutes ou jusqu'à ce que la rhubarbe soit tendre.
2. Retirez du feu et, pendant que le mélange est encore chaud, ajoutez le mélange à boisson sans sucre et la cannelle.
3. Servez chaud ou froid. Se conserve au réfrigérateur.

	Gros repas	Petit repas
Glucides	5	4 ½
Viandes et substituts	5	3
Matières grasses	-	½

Menu du souper	Gros repas (730 calories)	Petit repas (550 calories)
Rôti de bœuf	5 oz (150 g), cuit	3 oz (90 g), cuit
Raifort	1 c. à soupe (15 ml)	1 c. à soupe (15 ml)
Oignons au four (ou au vinaigre)	3 petits ou 1 moyen	3 petits ou 1 moyen
Pomme de terre au four	1 grosse	1 moyenne
Sauce faible en gras	¼ tasse (60 ml)	2 c. à soupe (30 ml)
Betteraves	½ tasse (125 ml)	½ tasse (125 ml)
Salade	petite	petite
Vinaigrette italienne sans huile	1 c. à soupe (15 ml)	1 c. à soupe (15 ml)
Compote de rhubarbe	1 tasse (250 ml)	1 tasse (250 ml)
Crème glacée	⅓ tasse (80 ml)	¼ tasse (60 ml)

PETIT REPAS

SOUPER 5

Assiette froide

__2__ oz (60 g) de fromage ordinaire (32 % M.G.) renferment à peu près le même nombre de calories que :
- *3 oz (90 g) de fromage faible en matières grasses (17 % M.G.);*
- *⅓ tasse (125 ml) de fromage cottage 1 % M.G.*

Cette assiette froide est un repas rapide et léger. C'est l'un des favoris de ma mère.

Vous pouvez remplacer le fromage illustré sur la photo par du fromage moins gras (voir l'encadré).

Pour le poisson, vous pouvez choisir entre le saumon, le thon, les sardines, les crevettes, le crabe ou le homard en conserve dans l'eau ou des restes de poisson cuit refroidis. Vous pouvez manger du saumon rouge pour ce repas, mais il serait peut-être préférable de choisir du saumon rose, qui est un peu moins gras que le rouge. Vous pouvez remplacer le poisson par une tranche de viande froide.

Comme féculent, vous pouvez opter pour un petit pain de blé entier, 2 tranches de pain à grains entiers ou 8 biscottes melba. Ajoutez la quantité voulue de légumes frais de toutes sortes.

PETIT REPAS

Un délicieux pouding au riz complétera ce repas. Pas trop crémeux, il est délicatement aromatisé à la cannelle et juste assez sucré. Il se mange aussi bien chaud que froid.

Pouding au riz

Donne 4 tasses (1 litre) ou 8 portions

1 œuf

1 ½ tasse (375 ml) de lait écrémé

2 c. à soupe (30 ml) de sucre (ou d'édulcorant hypocalorique)

½ c. à thé (2 ml) de cannelle moulue

½ c. à thé (2 ml) de vanille

2 tasses (500 ml) de riz cuit (brun ou blanc)

¼ tasse (60 ml) de raisins secs

Une portion de 1 tasse (250 ml)	
Calories	216
Glucides	42 g
Fibres	2 g
Protéines	8 g
Lipides totaux	2 g
Lipides saturés	1 g
Cholestérol	48 mg
Sodium	69 mg

Vous pouvez remplacer le pouding au riz par un pouding léger, une petite portion de sorbet ou de yogourt glacé, ou encore un fruit frais ou du pain aux bananes.

1. Dans un grand bol, battez l'œuf, le lait, le sucre ou l'édulcorant, la cannelle et la vanille à l'aide d'une cuillère en bois ou d'un fouet.
2. Incorporez le riz et les raisins secs en brassant.
3. Versez le mélange dans un plat légèrement graissé allant au four.
4. Faites cuire à 350 °F (175 °C) pendant 45 minutes ou jusqu'à ce que le centre soit bien pris.

	Gros repas	Petit repas
Glucides	4 ½	3 ½
Viandes et substituts	4	3
Matières grasses	4	2 ½

Menu du souper	Gros repas (730 calories)	Petit repas (550 calories)
Assiette froide		
• laitue ou épinards	une assiette pleine	une assiette pleine
• tomate	½ moyenne	½ moyenne
• poivron vert et rouge	5 rondelles	5 rondelles
• concombre	4 tranches épaisses	4 tranches épaisses
• radis	2 gros	2 gros
• saumon	½ tasse (125 ml)	½ tasse (125 ml)
• cheddar	2 oz (60 g)	1 oz (30 g)
• petit pain, blé entier	1	1
• margarine	½ c. à thé (2 ml)	—
Pouding au riz	1 tasse (250 ml)	¾ tasse (175 ml)

Soupe de bœuf haché et bannique

Les légumes et les soupes en conserve contiennent beaucoup de sodium. Il n'est pas nécessaire d'ajouter du sel lorsque vous les utilisez dans des recettes. Les produits réduits en sel ou faibles en sodium, comme la soupe aux tomates contenant 25 % moins de sel ou les tomates en conserve faibles en sodium, sont de bons choix. Les légumes surgelés nature, comme le maïs surgelé, contiennent beaucoup moins de sodium que les légumes en conserve.

Cette soupe délicieuse constitue un repas en soi. Conservez le surplus au congélateur.

Soupe de bœuf haché

Donne 10 tasses (2,5 litres)

Une portion de 1 ½ tasse (375 ml)	
Calories	229
Glucides	27 g
Fibres	3 g
Protéines	16 g
Lipides totaux	7 g
Lipides saturés	3 g
Cholestérol	36 mg
Sodium	456 mg

1 lb (454 g) de bœuf haché ou 1 lb (454 g) de viande de gibier en morceaux ou hachée

1 oignon moyen, haché

4 gousses d'ail ou ¼ c. à thé (1 ml) d'ail en poudre

1 boîte de tomates de 19 oz (540 ml)

1 boîte de 10 oz (284 ml) de soupe aux tomates

1 c. à thé (5 ml) de sauce Worcestershire

¼ c. à thé (1 ml) de poivre

4 tasses (1 litre) d'eau

½ à 1 sachet (2,25 à 4,5 g) de mélange à bouillon de bœuf réduit en sel

3 carottes moyennes, pelées et tranchées

1 tasse (250 ml) de chou tranché fin

1 boîte de 12 oz (341 ml) de maïs en grains ou 1 ½ tasse (375 ml) de maïs surgelé

¼ tasse (60 ml) de macaroni non cuit

1. Faites revenir la viande hachée jusqu'à ce qu'elle brunisse. Retirez de la poêle le plus de graisse possible.
2. Ajoutez les oignons et l'ail, puis faites cuire à feu doux jusqu'à ce que les oignons deviennent tendres.
3. Ajoutez les tomates, la soupe aux tomates, la sauce Worcestershire, le poivre, l'eau et le mélange à bouillon.
4. Amenez à ébullition, couvrez et laissez mijoter pendant une demi-heure.
5. Ajoutez les légumes et le macaroni. Couvrez et laissez mijoter une demi-heure de plus.

Si vous ne connaissez pas la bannique, essayez-la! C'est un pain sans levure facile à préparer. On le fait cuire au four ou dans une poêle à frire en fonte. Vous pouvez remplacer la bannique illustrée sur la photo par deux tranches de pain ou un petit pain.

Bannique

Donne un pain de 9 po (23 cm) ou 10 portions

Un morceau de pain	
Calories	201
Glucides	32 g
Fibres	1 g
Protéines	5 g
Lipides totaux	6 g
Lipides saturés	1 g
Cholestérol	0 mg
Sodium	171 mg

3 tasses (750 ml) de farine

1 c. à soupe (15 ml) de levure chimique (poudre à pâte)

1 c. à thé (5 ml) de sel

1 c. à soupe (15 ml) de sucre

¼ tasse (60 ml) de margarine, d'autre matière grasse fondue ou d'huile végétale

1 ¼ tasse (300 ml) de lait écrémé

1. Dans un grand bol, mélangez la farine, la levure chimique (poudre à pâte), le sel et le sucre.
2. Mélangez la margarine fondue et le lait. Ajoutez ce mélange à la farine. À l'aide d'une cuillère en bois, mélangez la pâte jusqu'à consistance lisse.
3. Étendez la pâte sur une planche ou sur la table enfarinée. Avec les mains, abaissez-la pour former un carré de 9 po (23 cm).
4. Déposez la pâte sur une plaque à biscuits anti-adhésive ou légèrement graissée. Faites cuire au four à 375 °F (190 °C) pendant 20 minutes ou jusqu'à ce que le pain soit légèrement bruni.
5. Découpez en 10 morceaux.

Pour cuire la bannique sur un feu de camp ou sur un réchaud de camping, préparez la pâte à pain avec seulement 2 c. à soupe (30 ml) de margarine ou de gras. Ajoutez 1 c. à soupe (15 ml) supplémentaire de lait pour garder la pâte lisse. Dans une poêle en fonte, faites fondre 2 c. à soupe (30 ml) de gras et faites frire la bannique à feu doux pendant 10 minutes de chaque côté. Ce pain frit contient la même quantité de gras que celui cuit au four.

La bannique se prépare avec n'importe quelle matière grasse. J'utilise la margarine parce qu'elle donne une belle couleur dorée au pain.

Je préfère le lait à l'eau parce que le lait aide à faire lever la pâte et donne un pain plus savoureux et nutritif.

Pour donner un goût délicieux à votre bannique, ajoutez à la pâte ¼ tasse (60 ml) de raisins secs ou de bleuets.

	Gros repas	Petit repas
Glucides	6 ½	4 ½
Viandes et substituts	1 ½	1 ½
Matières grasses	3 ½	2 ½

Menu du souper	Gros repas (730 calories)	Petit repas (550 calories)
Soupe de bœuf haché	1 ½ tasse (375 ml)	1 ½ tasse (375 ml)
Bannique	2 morceaux	1 morceau
Margarine	1 c. à thé (5 ml)	1 c. à thé (5 ml)
Orange	1 moyenne	1 moyenne

PETIT REPAS

SOUPER 7

Haricots secs et saucisses

Vous pouvez aussi faire la recette de haricots secs et saucisses en mélangeant une boîte de 14 oz (398 ml) de haricots secs en sauce tomate avec 2 saucisses fumées hachées. Vous en aurez suffisamment pour 1 grosse portion et 1 petite portion. N'oubliez pas que les haricots secs en conserve contiennent beaucoup de sodium – environ 850 mg par tasse (250 ml). Les haricots secs maison sont un meilleur choix santé puisqu'ils n'en contiennent que 157 mg par tasse.

Les saucisses de bœuf ou de porc contiennent beaucoup de matières grasses et de sel. Quelques saucisses suffisent pour préparer ce plat. Les haricots secs sont faibles en matières grasses ; ils vous fournissent des protéines et des fibres.

Choisissez des saucisses maigres, de dinde par exemple. Les saucisses au tofu sont encore plus maigres. Le tofu est fait avec des fèves de soya, riches en protéines et faibles en matières grasses. À l'épicerie, le tofu et les saucisses de tofu se trouvent habituellement dans la section des légumes.

Haricots secs maison

Donne 4 ½ tasses (1,125 litre)

Par tasse (250 ml)	
Calories	364
Glucides	69 g
Fibres	15 g
Protéines	20 g
Lipides totaux	2 g
Lipides saturés	0 g
Cholestérol	0 mg
Sodium	157 mg

2 tasses (500 ml) de haricots blancs
(petits haricots blancs ou haricots Great Northern)

1 oignon moyen, haché

2 gousses d'ail, hachées finement

1 c. à soupe (15 ml) de moutarde sèche

¼ c. à thé (1 ml) de poivre noir

2 tasses (500 ml) d'eau

3 c. à soupe (45 ml) de ketchup

2 c. à soupe (30 ml) de mélasse

Un trait de sauce piquante aux piments (facultative)

1. Rincez les haricots à l'eau froide et retirez ceux qui sont décolorés ou asséchés. Mettez-les dans une casserole et couvrez-les d'eau. Couvrez la casserole et portez à ébullition à feu élevé ; laissez bouillir 5 minutes. Retirez du feu et laissez reposer 1 heure sans retirer le couvercle.
2. Égouttez les haricots et mettez-les dans une casserole ou un plat allant au four. Mélangez-les avec tous les autres ingrédients. Couvrez et faites cuire au four à 275 °F (140 °C) de 6 à 8 h, jusqu'à ce que les haricots soient tendres. Remuez de temps à autre et ajoutez de l'eau s'ils ont tendance à sécher.

Haricots secs et saucisses

Donne 3 ½ tasses (875 ml)

Une portion de 1 tasse (250 ml)	
Calories	372
Glucides	61 g
Fibres	13 g
Protéines	20 g
Lipides totaux	7 g
Lipides saturés	2 g
Cholestérol	13 mg
Sodium	333 mg

3 tasses (750 ml) de haricots secs maison

2 saucisses fumées ordinaires (1 ½ oz/45 g chacune)

1. Placez les haricots secs dans une casserole ou un plat allant au four.
2. Ajoutez les saucisses tranchées.
3. Faites chauffer sur la cuisinière ou au four à micro-ondes.

Servez les haricots secs et les saucisses avec du pain grillé et une salade mélangée avec une vinaigrette sans gras ou à faible teneur en gras (cherchez les mentions «sans gras», «sans huile» ou «teneur réduite en calories» sur les étiquettes. Optez pour des vinaigrettes et des sauces à salade qui contiennent) moins de 25 calories par cuillerée à soupe (15 ml). Certaines sauces à salade régulières contiennent plus de 100 calories par cuillerée à soupe (15 ml).

Au moment d'acheter vos vinaigrettes, rappelez-vous qu'elles contiennent souvent beaucoup de sodium. La vinaigrette aux agrumes est une solution de remplacement faible en gras et elle ne contient que 25 mg de sodium par cuillerée à soupe (15 ml), tandis qu'une vinaigrette sans gras ordinaire en contient plus de 200 mg.

> *Si vous souhaitez consommer moins de glucides lors de ce repas, omettez une tranche de pain ou les deux.*

Vinaigrette aux agrumes

Dans un grand pot (au moins 16 oz/500 ml), mélangez ½ tasse (125 ml) de jus d'orange, ¼ tasse (50 ml) d'eau, ¼ tasse (50 ml) de vinaigre, 2 c. à soupe (30 ml) de miel, 2 c. à soupe (30 ml) de jus de citron, ¼ c. à thé (1 ml) de poudre d'ail, ¼ c. à thé (1 ml) de sel et un trait de sauce piquante aux piments (facultative). Mélangez bien la vinaigrette et conservez-la au réfrigérateur pendant un maximum de 7 jours. Cette recette donne 1 ½ tasse (375 ml).

> *Vous pouvez préparer la mousse au chocolat avec un mélange ordinaire au lieu d'un mélange léger. De cette manière, chaque portion contiendra 2 ½ c. à thé (12 ml) de sucre de plus.*

Voici une recette facile pour préparer une délicieuse mousse bien onctueuse.

Mousse au chocolat

Donne 6 portions de ¹/₂ tasse (125 ml)

Une portion de ½ tasse (125 ml)	
Calories	79
Glucides	11 g
Fibres	1 g
Protéines	3 g
Lipides totaux	2 g
Lipides saturés	2 g
Cholestérol	1 mg
Sodium	253 mg

1 sachet de mélange léger pour pouding instantané au chocolat (4 portions)

1 ½ tasse (375 ml) de lait écrémé

1 tasse (250 ml) de garniture fouettée congelée, décongelée

1. Versez 1 ½ tasse (375 ml) de lait écrémé dans un bol moyen et ajoutez le mélange pour pouding. Battez avec un fouet ou un mélangeur électrique jusqu'à ce que le mélange devienne épais (environ 2 minutes).
2. Incorporez la garniture fouettée, décongelée, et mélangez bien (si vous voulez un effet marbré, incorporez la garniture délicatement, mais sans mélanger complètement).

	Gros repas	Petit repas
Glucides	6 ½	5 ½
Viandes et substituts	3	2
Matières grasses	1 ½	1

Menu du souper	Gros repas (730 calories)	Petit repas (550 calories)
Haricots secs et saucisses	1 ½ tasse (375 ml)	1 tasse (250 ml)
Rôtie	2 petites ou 1 tranche ordinaire	2 petites ou 1 tranche ordinaire
Margarine	½ c. à thé (2 ml)	–
Salade mélangée	grande	grande
Vinaigrette aux agrumes	2 c. à soupe (30 ml)	2 c. à soupe (30 ml)
Mousse au chocolat	½ tasse (125 ml)	½ tasse (125 ml)

PETIT REPAS

Steak et pommes de terre

Choisissez des coupes de bœuf de ronde ou de longe. Elles contiennent moins de lipides et sont moins chères.

Enlevez toute la graisse visible.

Si vous utilisez un barbecue, faites bien attention de ne pas faire brûler la viande. Pour cela, vaporisez légèrement le charbon avec de l'eau pour éteindre les flammes.

La manière la plus simple de préparer le steak, c'est de le faire griller au barbecue ou au four, ou encore de le faire revenir dans une poêle en fonte très chaude dans très peu d'eau. Si vous le préparez à la poêle, mettez le couvercle pour éviter les éclaboussures de gras. Faites-le cuire pendant environ 4 minutes de chaque côté.

Voici d'autres manières de faire cuire le steak pour qu'il soit plus tendre et savoureux:

- Faites-le macérer quelques heures dans la marinade pour brochettes (voir page 224), avant de le cuire sur le barbecue ou au four.
- Faites-le mariner quelques heures dans des tomates en conserve, du vin, du vinaigre de vin, de la bière ou du yogourt nature. Puis faites-le cuire à la poêle dans une petite quantité de bouillon ou d'eau, ou encore faites-le griller au barbecue ou au four.
- Dans une casserole, faites cuire le steak dans un peu de bouillon de bœuf ou d'eau jusqu'à ce qu'il brunisse. Versez une boîte de tomates ou 1 tasse (250 ml) de salsa. Couvrez et laissez mijoter pendant une heure.

Les champignons frais sont délicieux grillés sur le barbecue ou au four. Vous pouvez aussi faire cuire les champignons frais ou en conserve dans une casserole à part ou dans la même casserole que le steak.

Servez le steak avec des pommes de terre en purée faibles en gras, bouillies ou au four.

Faites une purée de pommes de terre faible en gras en ajoutant seulement du lait; pas de beurre ni de margarine. Ajoutez suffisamment de lait pour que les pommes de terre soient crémeuses et bien lisses.

Purée de pommes de terre faible en gras

Donne 2 tasses (500 ml)

3 pommes de terre moyennes (environ 1 lb/500 g)

⅓ tasse (75 ml) de lait écrémé ou 1 %

Par ½ tasse (125 ml)	
Calories	86
Glucides	19 g
Fibres	1 g
Protéines	2 g
Lipides totaux	0 g
Lipides saturés	0 g
Cholestérol	0 mg
Sodium	13 mg

1. Lavez et épluchez les pommes de terre avant de les couper en quartiers.
2. Mettez les pommes de terre dans une grande casserole et couvrez-les d'eau. Portez à ébullition, baissez le feu, couvrez et laissez bouillir doucement environ 20 minutes, jusqu'à ce qu'elles soient tendres sous la fourchette.
3. Retirez la casserole du feu, ajoutez le lait et réduisez-les en purée.

Mélange d'épices

Vous pouvez facilement préparer ce mélange d'épices. Saupoudrez-en le steak, les pommes de terre ou le riz et les légumes.

2 c. à thé (10 ml) d'ail en poudre	
1 c. à thé (5 ml) de basilic séché	
1 c. à thé (5 ml) d'origan	
1 c. à thé (5 ml) de poivre moulu	
1 c. à thé (5 ml) de chili en poudre	

Pour ¼ c. à thé (1 ml)

Calories	2
Glucides	0 g
Fibres	0 g
Protéines	0 g
Lipides totaux	0 g
Lipides saturés	0 g
Cholestérol	0 mg
Sodium	1 mg

Trouvez-vous que vos aliments sont fades quand vous n'y ajoutez pas une pincée de sel? Si oui, saupoudrez votre viande, vos pommes de terre et vos légumes:

- *de poivre;*
- *de persil frais ou séché;*
- *de jus de citron ou de lime;*
- *de poudre d'oignon;*
- *de poudre d'ail;*
- *d'épices ou de fines herbes;*
- *d'un mélange à épices sans sel ajouté prêt à utiliser.*

Pour assaisonner votre salade, choisissez une vinaigrette sans huile ou sans gras.

Les choux de Bruxelles sont des choux miniatures. Si vous n'en avez pas, remplacez-les par un de vos légumes préférés.

Le sorbet, le yogourt glacé, le lait glacé et la crème glacée 10 % M.G. contiennent moins de matières grasses que la crème glacée ordinaire. Pour que votre petite portion de dessert vous semble plus grosse, servez ce sorbet avec un tire-boule pour melon.

	Gros repas	Petit repas
Glucides	5	4
Viandes et substituts	5	3
Matières grasses	1	½

Menu du souper	Gros repas (730 calories)	Petit repas (550 calories)
Steak	5 oz (150 g), cuit	3 oz (90 g), cuit
Purée de pommes de terre faible en gras	1 tasse (250 ml)	¹/₂ tasse (125 ml)
Champignons	¹/₂ tasse (125 ml)	¹/₂ tasse (125 ml)
Choux de Bruxelles	³/₄ tasse (175 ml)	³/₄ tasse (175 ml)
Salade	grosse	grosse
Vinaigrette sans huile	1 c. à soupe (15 ml)	1 c. à soupe (15 ml)
Sorbet	¹/₂ tasse (125 ml)	¹/₂ tasse (125 ml)

PETIT REPAS

Omelette au fromage

L'omelette constitue un excellent repas. Je sers une omelette au fromage à peu près une fois par semaine parce qu'elle est facile à préparer et qu'elle est prête en un clin d'œil. Il n'y a aucun problème à manger des œufs au repas principal une fois par semaine à condition qu'ils remplacent la viande.

Omelette au fromage

Cette recette convient pour le gros repas. La portion du petit repas est la même, sauf que vous devez préparer l'omelette avec un seul œuf.

Par omelette	
Calories	187
Glucides	1 g
Fibres	0 g
Protéines	13 g
Lipides totaux	14 g
Lipides saturés	8 g
Cholestérol	216 mg
Sodium	237 mg

2 œufs

1 oz (30 g) ou une tranche de fromage en morceaux

1. Dans un petit bol, battez les œufs. Versez-les dans une poêle anti-adhésive.
2. Déposez le fromage sur les œufs.
3. Couvrez la poêle et laissez cuire à feu doux pendant environ 5 minutes.

Sur votre brocoli, vous pouvez verser 1 c. à soupe (15 ml) de fromage à tartiner léger qui contient le même nombre de calories que 1 c. à thé (5 ml) de beurre ou de margarine.

Pour le dessert, offrez-vous un ou deux biscuits à l'avoine ou un biscuit ordinaire (digestif ou au gingembre).

Vous pouvez ajouter un blanc d'œuf supplémentaire à votre omelette. Le blanc d'œuf ne contient pas de cholestérol et seulement 20 calories. Le jaune d'œuf en contient 60.

Ajoutez à votre omelette:

- *un peu d'aneth ou de persil frais ou séché;*
- *1 c. à soupe (15 ml) d'oignon, d'oignon vert ou de ciboulette, finement haché.*

Ce souper contient plus de lipides que d'habitude. Vous pouvez en réduire la quantité en omettant la margarine sur votre rôtie ou en en mettant moins.

Biscuits à l'avoine

Donne 36 biscuits

Un biscuit	
Calories	78
Glucides	14 g
Fibres	1 g
Protéines	1 g
Lipides totaux	2 g
Lipides saturés	0 g
Cholestérol	5 mg
Sodium	71 mg

⅓ tasse (80 ml) de margarine

¾ tasse (175 ml) de cassonade bien tassée

1 œuf

½ tasse (125 ml) de lait écrémé

1 c. à thé (5 ml) de vanille

1 tasse (250 ml) de farine

1 c. à thé (5 ml) de levure chimique (poudre à pâte)

1 c. à thé (5 ml) de bicarbonate de soude

1 c. à thé (5 ml) de cannelle moulue

1 ½ tasse (375 ml) de flocons d'avoine

1 tasse (250 ml) de raisins secs

1. Dans un grand bol, mélangez la margarine, la cassonade et l'œuf. Battez à l'aide d'une cuillère en bois jusqu'à ce que le mélange soit lisse. Ajoutez le lait et la vanille.
2. Dans un bol moyen, mélangez la farine, la levure chimique (poudre à pâte), le bicarbonate de soude, la cannelle et les flocons d'avoine.
3. Versez le mélange de farine dans le grand bol. Mélangez bien. Incorporez les raisins secs et mélangez bien.
4. Par petites cuillerées, déposez la pâte sur une plaque à biscuits anti-adhésive. La pâte doit être collante. Faites cuire au four à 375 °F (190 °C) pendant environ 10 minutes ou jusqu'à ce que les biscuits soient bien dorés.

Pour protéger vos casseroles et vos plaques à biscuits anti-adhésives, utilisez une spatule ou une cuillère en plastique plutôt qu'en métal. Rangez vos plaques et casseroles de manière à prévenir les éraflures. J'enveloppe les miennes dans des linges à vaisselle.

	Gros repas	Petit repas
Glucides	4	3
Viandes et substituts	3	2
Matières grasses	5 ½	4

Menu du souper	Gros repas (730 calories)	Petit repas (550 calories)
Omelette au fromage	1 grande	1 petite
Rôtie	2 tranches	2 tranches
Margarine	2 c. à thé (10 ml)	1 c. à thé (5 ml)
Brocoli	2 tasses (500 ml) de morceaux	2 tasses (500 ml) de morceaux
Fromage à tartiner léger	1 c. à soupe (15 ml)	1 c. à soupe (15 ml)
Biscuits à l'avoine	2	1

PETIT REPAS

Jambon et patate douce

Les jambons que l'on trouve dans le commerce contiennent une petite quantité de sucre ou de miel ajouté. Le jambon «au miel» ne contient pas plus de sucre que le jambon ordinaire. Toutefois, tous les jambons contiennent beaucoup de sel.

Les patates douces contiennent beaucoup de vitamine A, laquelle est importante pour avoir une bonne vue ainsi que des dents, des ongles, des cheveux, des os et des glandes en bonne santé. Cette vitamine nous aide aussi à lutter contre les infections, en plus d'être un antioxydant (combat le cancer et les maladies du cœur). Plus la couleur orangée de la chair est foncée, plus riche elle est en vitamine A. Les patates douces sont aussi une bonne source de fibres, de vitamine C et de potassium.

Suggestions pour la cuisson de la patate douce:

- *au four à micro-ondes, à température élevée pendant 10 minutes;*
- *bouillie avec la pelure (enlevez la pelure quand la patate douce est cuite).*

Pour ce repas, achetez un jambon cuit. Choisissez celui qui a le moins de lipides. Déposez le jambon dans une rôtissoire sur une grille. Mettez-le au four pendant environ 25 minutes par lb (55 minutes par kg) à 325 °F (150 °C). Si vous utilisez un thermomètre, faites cuire à 150 °F.

Vous pouvez assaisonner et décorer le jambon en enfonçant une douzaine de clous de girofle entiers à la surface de la viande. Je place souvent des tranches d'ananas sur le jambon pendant la dernière demi-heure de cuisson.

Le jambon est délicieux avec de la moutarde.

La patate douce ne contient pas les mêmes vitamines ni les mêmes minéraux qu'une pomme de terre et c'est une solution de remplacement intéressante. Tout comme les oranges, les courges et les carottes, les patates douces sont riches en vitamine A (vitamine très importante pour garder vos yeux en santé). Pendant que votre four est allumé, faites cuire une patate douce au four comme une pomme de terre ordinaire. Piquez-la d'abord avec une fourchette, puis laissez-la cuire jusqu'à ce qu'elle soit tendre, soit environ une heure.

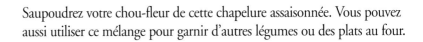

Saupoudrez votre chou-fleur de cette chapelure assaisonnée. Vous pouvez aussi utiliser ce mélange pour garnir d'autres légumes ou des plats au four.

Chapelure assaisonnée

Donne un peu plus de 1 tasse (250 ml)

Vous pouvez acheter la chapelure déjà prête ou encore préparer la vôtre avec du pain et des épices.

1 tasse (250 ml) de chapelure
2 c. à soupe (30 ml) de parmesan
1 c. à soupe (15 ml) de persil séché
1 c. à thé (5 ml) d'origan
½ c. à thé (2 ml) de poudre d'ail
⅛ c. à thé (0,5 ml) de poivre

Une portion de 1 c. à thé (5 ml)	
Calories	10
Glucides	2 g
Fibres	0 g
Protéines	0 g
Lipides totaux	0 g
Lipides saturés	0 g
Cholestérol	0 mg
Sodium	24 mg

Mélangez les ingrédients. La chapelure assaisonnée se conserve au réfrigérateur ou au congélateur.

Les légumes sont tous excellents, mais certains, comme le chou-fleur, le brocoli et les haricots jaunes, sont plus riches en fibres et en eau. Ils contiennent donc moins de calories.

Légumes à faible teneur en calories

- asperges
- aubergine
- brocoli
- céleri
- champignons
- chou
- chou-fleur
- choux de Bruxelles
- concombre
- courge à moelle
- courges d'été ou courges spaghetti
- courgettes
- fèves germées
- fèves rouges ou jaunes
- haricots verts ou jaunes
- légumes à feuilles comme la laitue et les épinards
- oignons
- okra
- poivrons verts ou rouges
- radis
- têtes de violon
- tomates

Gélatine fouettée

Donne 4 tasses (1 litre)

1 sachet de gélatine légère de votre saveur préférée

1. Préparez la gélatine en suivant les instructions sur le paquet (ou suivez la recette de la page 117).
2. Retirez la gélatine du réfrigérateur après environ 45 minutes. Elle doit être aussi épaisse qu'un blanc d'œuf non battu. Battez la gélatine avec un batteur jusqu'à ce qu'elle devienne mousseuse et double de volume.
3. Remettez-la au réfrigérateur jusqu'à ce qu'elle soit ferme.

Chaque tasse de gélatine	
Calories	5
Glucides	2 g
Fibres	0 g
Protéines	0 g
Lipides totaux	0 g
Lipides saturés	0 g
Cholestérol	0 mg
Sodium	25 mg

	Gros repas	Petit repas
Glucides	5 ½	4
Viandes et substituts	5	3

Menu du souper	Gros repas (730 calories)	Petit repas (550 calories)
Jambon cuit au four	1 tranche épaisse, soit 5 oz (150 g), cuit	1 tranche mince, soit 3 oz (90 g), cuit
Ananas, dans le jus	2 tranches égouttées	2 tranches égouttées
Patate douce	1 grosse	1 moyenne
Margarine	2 c. à thé (10 ml)	1 c. à thé (5 ml)
Chou-fleur	2 tasses (500 ml)	2 tasses (500 ml)
Chapelure assaisonnée	1 c. à thé (5 ml)	1 c. à thé (5 ml)
Lait écrémé ou 1 %	1 tasse (250 ml)	1 tasse (250 ml)
Gélatine fouettée	1 tasse (250 ml)	1 tasse (250 ml)

PETIT REPAS

Ragoût de bœuf

Les navets, les haricots verts et jaunes, les carottes et les petits pois sont excellents dans les ragoûts. Vous pouvez utiliser une macédoine de légumes surgelée dans cette recette plutôt que des légumes frais.

Si vous êtes pressé, voici une suggestion :

Versez le contenu d'une boîte de ragoût de bœuf dans une casserole et ajoutez quelques légumes surgelés ou cuits. Réchauffez.

Le ragoût de bœuf servi avec des pommes de terre et du pain est toujours un succès. Cette recette contient peu de lipides, car elle est préparée avec de la viande maigre et une petite quantité seulement de matières grasses ajoutées.

Vous pouvez doubler la recette et en congeler une partie pour un autre repas.

Ragoût de bœuf
Donne 7 tasses (1,75 litre)

Une portion de 1 tasse (250 ml)	
Calories	164
Glucides	13 g
Fibres	3 g
Protéines	14 g
Lipides totaux	6 g
Lipides saturés	2 g
Cholestérol	27 mg
Sodium	179 mg

1 c. à soupe (15 ml) de margarine ou de beurre

2 oignons moyens, hachés

2 gousses d'ail hachées ou ½ c. à thé (2 ml) d'ail en poudre

1 lb (454 g) de bœuf à ragoût sans gras, coupé en dés

2 c. à soupe (30 ml) de farine

1 à 2 sachets (4,5 g chacun) de mélange pour bouillon de bœuf réduit en sel mélangés à 2 tasses (500 ml) d'eau chaude

1 feuille de laurier (retirez-la avant de servir)

2 grosses branches de céleri, tranchées

3 carottes moyennes, tranchées

2 tasses (500 ml) d'autres légumes frais (ou de légumes congelés, mélangés)

⅛ c. à thé (0,5 ml) de poivre

¼ tasse (60 ml) de vin sec (ou de vinaigre de vin)

1. Mettez la margarine, les oignons et l'ail dans une casserole épaisse. Faites cuire à feu moyen en remuant jusqu'à ce que les oignons deviennent transparents. Remuez souvent pour les empêcher de brûler.
2. Ajoutez la viande et remuez jusqu'à ce que l'extérieur soit cuit (environ 5 minutes). Saupoudrez la farine sur le mélange de viande et d'oignons et remuez jusqu'à ce que la farine soit incorporée.
3. Retirez la casserole du feu et ajoutez le reste des ingrédients. Remuez, puis remettez la casserole sur le feu. Amenez à ébullition, puis réduisez le feu. Couvrez et laissez mijoter pendant environ une heure. Remuez de temps en temps.
4. Si vous utilisez des légumes congelés, ajoutez-les seulement à la fin et laissez-les mijoter pendant 10 minutes.

Ragoût nord-africain et couscous

Pour varier, essayez un ragoût nord-africain, plus épicé.
Ce ragoût se prépare habituellement avec de l'agneau, des oignons,
des carottes, du navet, des tomates, des courgettes, de la citrouille et
de la courge. Lorsque vous faites cuire la viande, ajoutez 1 c. à thé
(5 ml) de chacune des épices suivantes: curcuma, cannelle et cumin
– ou remplacez ces épices par 1 c. à soupe (15 ml) de poudre de cari –
et 1 c. à thé (5 ml) de poudre de chili. Préparez ce ragoût une journée
à l'avance pour que les épices soient à leur meilleur.

Remplacez le pain et les pommes de terre par du couscous. Une tasse
et quart (300 ml) de couscous suffira pour le gros repas et 1 tasse
(250 ml) pour le petit repas. Fait avec de la semoule de blé, le couscous
est vendu dans la plupart des grandes épiceries. Il a l'apparence du riz et
le goût des pâtes alimentaires. Il est facile à préparer et il est prêt en un
clin d'œil parce que vous n'avez qu'à le faire bouillir dans l'eau. Servez
le ragoût et le couscous avec du thé à la menthe.

Pour dessert, prenez une portion de melon ou d'un autre fruit.

	Gros repas	Petit repas
Glucides	6 ½	5
Viandes et substituts	3	2 ½
Matières grasses	1 ½	1

Menu du souper	Gros repas (730 calories)	Petit repas (550 calories)
Ragoût de bœuf	2 tasses (500 ml)	1 ½ tasse (375 ml)
Pommes de terre bouillies	1 grosse	1 moyenne
Pain	1 tranche	1 tranche
Margarine	1 c. à thé (5 ml)	½ c. à thé (2 ml)
Concombres tranchés	½ concombre moyen	½ concombre moyen
Cantaloup ou melon	2 tranches	2 tranches

153

PETIT REPAS

Poisson et frites

***Vous** pouvez aussi servir vos frites avec des croquettes de poulet achetées à l'épicerie et des légumes.*

- *Pour le gros repas, prenez 7 croquettes de poulet (4 ½ oz/140 g).*
- *Pour le petit repas, prenez 5 croquettes de poulet (3 ¼ oz/95 g).*

Comparez le nombre de calories contenues dans 10 frites:

- *frites préparées dans l'huile au restaurant: 160 calories;*
- *frites congelées, cuites au four : 90 calorie;*
- *frites au four faibles en gras: 60 calories.*

***Les** sachets d'épices pour pommes de terre achetés à l'épicerie contiennent du sucre et du sel. Si vous voulez les utiliser dans cette recette, mettez-en moins de 1 c. à soupe (15 ml).*

***La** courge orange illustrée sur la photo est une courge gland. Il existe de nombreuses variétés de courges. Essayez la courge spaghetti, c'est l'une des moins sucrées.*

Voici un repas facile à préparer avec des bâtonnets de poisson prêts à manger et des frites surgelées que vous ferez cuire au four sur une plaque à biscuits. Les portions de poisson et de frites sont petites parce que ces aliments sont riches en matières grasses. Ce repas contient beaucoup moins de matières grasses que le poisson enrobé de pâte et frit dans l'huile avec les frites.

Choisissez les marques portant la mention «faible en gras». En général, ces bâtonnets de poisson sont préparés avec une pâte plus légère dans une quantité réduite d'huile.

Vous pouvez également préparer des frites maison faibles en matières grasses en suivant la recette ci-dessous. Les frites illustrées sur la photo sont surgelées.

Frites au four faibles en matières grasses

Donne 45 frites (15 frites par pomme de terre)

12 frites	
Calories	65
Glucides	14 g
Fibres	1 g
Protéines	2 g
Lipides totaux	0 g
Lipides saturés	0 g
Cholestérol	0 mg
Sodium	63 mg

3 petites pommes de terre

1 blanc d'œuf

1 à 2 c. à thé (5-10 ml) d'épices à pommes de terre (vous pouvez utiliser vos épices et fines herbes préférées, comme le cari, l'aneth, les épices cajun, la poudre d'ail ou des flocons de piment fort)

1. Lavez et pelez les pommes de terre.
2. Coupez-les en bâtonnets ou en morceaux.
3. Dans un petit bol, mélangez le blanc d'œuf et les épices à l'aide d'une fourchette.
4. Plongez les morceaux de pommes de terre dans le mélange.
5. Faites cuire les morceaux de pommes de terre sur une plaque à cuisson anti-adhésive graissée pendant environ 30 minutes, à 400 °F (200 °C), en les retournant toutes les 10 minutes.

Ce plat est servi avec une portion de légumes. Vous avez le choix entre des courges, des petits pois, des carottes, du maïs, des navets ou du panais.

Voici comment je fais cuire la courge que vous voyez sur la photo: coupez-la en deux et placez-en la moitié sur une plaque à biscuits, le côté coupé vers le bas. Faites cuire au four avec le poisson et les frites pendant une demi-heure ou jusqu'à ce qu'elle soit tendre.

Essayez cette salade de légumes en gelée. Elle ajoute une touche de couleur et du goût à votre repas et elle ne contient pas beaucoup de calories. La gélatine à la lime donne une belle couleur verte.

Salade de légumes en gelée

Donne 2 ½ tasses (625 ml), soit 5 portions

Une portion de ½ tasse (125 ml)	
Calories	17
Glucides	4 g
Fibres	1 g
Protéines	1 g
Lipides totaux	0 g
Lipides saturés	0 g
Cholestérol	0 mg
Sodium	41 mg

1 sachet de gélatine légère à la lime

1 ½ tasse (375 ml) d'eau bouillante

2 c. à soupe (30 ml) de jus de citron ou de lime

½ tasse (125 ml) de radis finement hachés

½ tasse (125 ml) de céleri finement haché

½ tasse (125 ml) de chou finement haché

1 c. à soupe (15 ml) de persil frais haché ou de persil séché

1. Dans un bol moyen, versez la gélatine en poudre. Ajoutez l'eau bouillante et mélangez jusqu'à ce que la gélatine soit bien dissoute. Ajoutez le jus de citron. Mettez ce mélange au réfrigérateur.

2. Hachez tous les légumes. Dès que le mélange que vous avez mis au réfrigérateur commence à épaissir (au bout d'environ 45 minutes), incorporez tous les légumes.

3. Réfrigérez jusqu'à ce que la gélatine soit ferme (environ une heure de plus).

La salade de légumes en gelée peut être servie comme légume faible en calories avec n'importe quel dîner ou souper. Une portion de ½ tasse (125 ml) ne contient que 20 calories.

Pour une salade légèrement salée et moins sucrée, essayez ceci:
- *Ajoutez à l'eau bouillante un sachet (4,5 g) de mélange pour bouillon de poulet léger ou un cube de bouillon.*

	Gros repas	Petit repas
Glucides	5 ½	4
Viandes et substituts	3	2
Matières grasses	3	2

Menu du souper	Gros repas (730 calories)	Petit repas (550 calories)
Bâtonnets de poisson	6 bâtonnets ou 3 morceaux	4 bâtonnets ou 2 morceaux
Frites surgelées, au four	15	10
Ketchup	1 c. à soupe (15 ml)	1 c. à soupe (15 ml)
Courge	½ tasse (125 ml)	½ tasse (125 ml)
Salade de légumes en gelée	½ tasse (125 ml)	½ tasse (125 ml)
Prune	1 moyenne	1 moyenne

PETIT REPAS

SOUPER 13

Saucisses et pain de maïs

Vous pouvez également faire revenir les courgettes dans une casserole avec de l'oignon haché et de l'ail dans 1 c. à thé (5 ml) de margarine ou d'huile. Ajoutez à ce mélange un ou deux des légumes suivants :

- *tomates en conserve ou fraîches, en morceaux;*
- *poivron vert;*
- *aubergine.*

Au besoin, ajoutez de l'eau dans la casserole. Saupoudrez de parmesan.

Les saucisses sont riches en lipides et en sel; il faut les consommer à l'occasion seulement. Piquez-les avec une fourchette plusieurs fois pour permettre à la graisse de s'échapper. Voici quelques suggestions pour faire griller les saucisses de manière à enlever une partie de la graisse :

- faites-les griller ou cuire au barbecue;
- faites-les d'abord bouillir pendant 10 minutes, puis mettez-les au four;
- placez-les sur une grille dans le four à micro-ondes.

Servez les saucisses avec beaucoup de légumes. Les courgettes sont faibles en calories et faciles à préparer. Coupez-les en tranches minces et faites-les cuire à la vapeur. Si vous les faites bouillir, elles seront pâteuses. Saupoudrez-les de chapelure assaisonnée (voir la recette à la page 148). Utilisez la recette de salade de chou de la page 86.

Vous pouvez remplacer la barre de crème glacée légère par ½ tasse (125 ml) de lait écrémé.

Pain de maïs

**Donne un pain carré de 8 po (20 cm)
ou 12 morceaux**

Un morceau de pain	
Calories	137
Glucides	21 g
Fibres	1 g
Protéines	3 g
Lipides totaux	4 g
Lipides saturés	0 g
Cholestérol	16 mg
Sodium	180 mg

¾ tasse (175 ml) de semoule de maïs

1 ¼ tasse (300 ml) de lait écrémé

1 tasse (250 ml) de farine

1 c. à soupe (15 ml) de levure chimique (poudre à pâte)

½ c. à thé (2 ml) de sel

¼ tasse (60 ml) de sucre

1 œuf légèrement battu

3 c. à soupe (45 ml) bien rases de shortening, de beurre ou
de margarine, fondu

Voici quelques féculents qui pourraient remplacer un morceau de pain de maïs:
- *½ tasse (125 ml) de maïs en grains;*
- *1 petit épi de maïs.*

1. Dans un bol moyen, mélangez la semoule de maïs et le lait. Laissez reposer pendant 5 minutes.
2. Dans un grand bol, mélangez la farine, la levure chimique (poudre à pâte), le sel et le sucre.
3. Dans un petit bol, mélangez l'œuf légèrement battu et la matière grasse fondue. Ajoutez ce mélange à celui de la semoule de maïs.
4. Incorporez le mélange liquide au mélange de farine. Brassez jusqu'à ce que les ingrédients soient bien mélangés. La pâte doit avoir des grumeaux. Versez dans un moule carré de 8 po (20 cm). Utilisez un moule à surface anti-adhésive ou graissez légèrement votre moule.
5. Faites cuire au four à 400 °F (200 °C) environ 20 minutes ou jusqu'à ce que le pain soit légèrement bruni.
6. Découpez en 12 morceaux d'environ 3 x 2 po (7,5 x 5 cm).

	Gros repas	Petit repas
Glucides	5	4 ½
Viandes et substituts	1 ½	1
Matières grasses	4 ½	3 ½

Menu du souper	Gros repas (730 calories)	Petit repas (550 calories)
Saucisses	4 petites	3 petites
Pain de maïs	2 ½ morceaux	2 morceaux
Courgettes cuites à la vapeur	2 tasses (500 ml)	2 tasses (500 ml)
Chapelure assaisonnée	1 c. à soupe (15 ml)	1 c. à soupe (15 ml)
Salade de chou	½ tasse (125 ml)	½ tasse (125 ml)
Barre de crème glacée légère au chocolat	1 barre	1 barre

PETIT REPAS

Chili con carne

Ce chili con carne se congèle facilement. Vous pouvez donc doubler la recette et congeler le surplus.

Les haricots secs en conserve contiennent tous beaucoup de sel. Vous pouvez en réduire la quantité en les égouttant et en les rinçant bien avant de les utiliser.

Vous pouvez remplacer ⅓ tasse (75 ml) de riz par:
- *1 tranche de pain;*
- *1 portion de bannique;*
- *1 petite pomme de terre.*

Chili con carne

Donne 6 ¼ tasses (1,6 litre)

Une portion de 1 tasse (250 ml)	
Calories	270
Glucides	29 g
Fibres	7 g
Protéines	21 g
Lipides totaux	8 g
Lipides saturés	3 g
Cholestérol	38 mg
Sodium	597 mg

1 lb (454 g) de bœuf haché maigre

2 oignons moyens, hachés

1 boîte de 28 oz (796 ml) de haricots rouges

1 boîte de 10 oz (284 ml) de soupe aux tomates

⅛ c. à thé (0,5 ml) de poivre

½ c. à thé (2 ml) de poudre de chili

1 c. à soupe (15 ml) de vinaigre

½ c. à thé (2 ml) de sauce Worcestershire

1 tasse (250 ml) de légumes hachés (céleri, poivron vert)

1. Dans une grande casserole épaisse, faites revenir le bœuf haché jusqu'à ce qu'il brunisse. Enlevez le plus de gras possible.
2. Ajoutez tous les autres ingrédients.
3. Couvrez et laissez mijoter à feu doux pendant 2 à 3 heures. Remuez de temps en temps pour empêcher la sauce de coller. Si elle épaissit, ajoutez de l'eau.

Servez ce plat avec du riz brun ou blanc.

Servez aussi un légume faible en calories, comme des haricots jaunes ou verts, et des carottes en bâtonnets.

Cette recette de pommes au four vous donnera un excellent dessert. Ou encore, prenez une portion de n'importe quel autre fruit.

Le mélange de cassonade et de beurre donne à ces pommes au four un bel aspect brillant. Vous pouvez aussi utiliser de la margarine, mais le beurre donne un sirop plus épais.

Cette recette contient moins de matières grasses et de sucre que la recette traditionnelle de pommes au four. On utilise du sucre parce que les édulcorants hypocaloriques donnent un sirop trop liquide.

Les amateurs de sucre adoreront la pomme au four. De plus, elle contient moins de gras qu'un morceau de tarte aux pommes.
- *En général, un morceau de tarte aux pommes de 3 1/2 po (9 cm) contient environ 7 c. à thé (35 ml) de sucre et d'amidon ajoutés et 3 c. à thé (15 ml) de lipides.*
- *Une pomme au four contient 1 1/2 c. à thé (7 ml) de sucre ajouté et 1/2 c. à thé (2 ml) de matières grasses ajoutées.*

Pommes au four

Donne 2 pommes

Une pomme	
Calories	141
Glucides	32 g
Fibres	3 g
Protéines	0 g
Lipides totaux	2 g
Lipides saturés	1 g
Cholestérol	5 mg
Sodium	23 mg

2 pommes moyennes

1 c. à thé (5 ml) de beurre ou de margarine

1 c. à soupe (15 ml) de cassonade

¼ c. à thé (1 ml) de cannelle moulue

¼ c. à thé (1 ml) de jus de citron

Une pincée de muscade (au choix)

1 c. à soupe (15 ml) de raisins secs

1. Retirez le cœur des pommes à partir du haut. Évitez d'ouvrir les pommes de haut en bas. Piquez les pommes avec une fourchette.
2. Dans un petit bol, mélangez les autres ingrédients et, au moyen d'une cuillère, remplissez les pommes de ce mélange.
3. Déposez les pommes dans un plat et mettez-les au micro-ondes à température élevée pendant 1 minute 20 secondes ou jusqu'à ce qu'elles soient tendres. Ou encore, déposez les pommes dans un plat dans 2 c. à soupe (30 ml) d'eau et faites-les cuire au four à 350 °F (175 °C) pendant 30 minutes.

	Gros repas	Petit repas
Glucides	6 ½	5
Viandes et substituts	4 ½	3
Matières grasses	½	½

Menu du souper	Gros repas (730 calories)	Petit repas (550 calories)
Chili con carne	1 ½ tasse (375 ml)	1 tasse (250 ml)
Riz	⅔ tasse (150 ml)	⅓ tasse (75 ml)
Haricots verts	1 tasse (250 ml)	1 tasse (250 ml)
Bâtonnets de carotte	1 carotte moyenne	1 carotte moyenne
Pomme au four	1	1

PETIT REPAS

SOUPER 15

Piroguis

Achetez des piroguis congelés pour un repas rapide à la maison. On trouve des piroguis au fromage, aux pommes de terre, au fromage cottage et même à la «pizza». Les piroguis contiennent beaucoup d'amidon; assurez-vous de ne pas dépasser le nombre illustré sur la photo.

Faites d'abord frire des oignons à feu doux dans 1 à 2 c. à thé (5 à 10 ml) de gras (ajoutez un peu d'eau au besoin). Puis retirez les oignons de la poêle avant qu'ils ne soient trop cuits. Faites cuire les piroguis dans la même poêle jusqu'à ce qu'ils soient légèrement brunis. Vous pouvez aussi les faire bouillir pendant 10 minutes.

Pour le gros repas, vous pouvez remplacer les 2 oz (30 g) de saucisse à l'ail (kolbassa) par:
- ¹/₂ tasse (125 ml) de fromage cottage 1 %;
- 1 petite côtelette de porc (3 oz/85 g);
- 2 tranches de saucisson de Bologne, grillées ou frites, sans matières grasses ajoutées.

Vous pouvez remplacer la soupe de betteraves par 1 tasse (250 ml) de betteraves cuites. Comme les betteraves marinées contiennent du sucre ajouté, ¹/₂ tasse (125 ml) équivaut à 1 tasse (250 ml) de soupe de betteraves.

Soupe de betteraves facile à préparer

Donne 3 ¹/₂ tasses (875 ml)

1 boîte de 10 oz (398 ml) de betteraves en dés, non sucrées	
1 ½ tasse (375 ml) de jus de légumes (V-8, par exemple)	
½ tasse (125 ml) d'eau	
2 tasses (500 ml) de chou haché	
¼ c. à thé (1 ml) d'aneth séché	

Une portion de 1 tasse (250 ml)	
Calories	46
Glucides	10 g
Fibres	2 g
Protéines	2 g
Lipides totaux	0 g
Lipides saturés	0 g
Cholestérol	0 mg
Sodium	363 mg

1. Mettez tous les ingrédients dans une casserole.
2. Couvrez et laissez mijoter. Remuez pendant la cuisson. Après environ 15 minutes, la soupe sera prête.

Servez avec un peu de crème sure faible en gras et des oignons verts.

Les légumes en conserve sont riches en sodium; il est important de les égoutter et de les rincer avant usage. Si vous ajoutez le liquide de la boîte de conserve à vos recettes, cela augmentera la quantité de sodium que vous consommerez.

Comme légume faible en calories, servez de la choucroute ou un concombre mariné, ou encore une petite salade, qui contient moins de sel.

Une pêche fraîche fera un bon dessert. Si vous préférez les pêches en conserve, servez-en deux moitiés avec 2 c. à soupe (30 ml) de jus. Choisissez des fruits mis en conserve dans l'eau ou le jus. Accompagnez votre fruit d'un biscuit – à l'arrowroot, digestif, aux raisins secs (illustré sur la photo), au gingembre, à l'avoine ou Graham.

	Gros repas	Petit repas
Glucides	6	4 ½
Viandes et substituts	1	½
Matières grasses	4	2 ½

Menu du souper	Gros repas (730 calories)	Petit repas (550 calories)
Piroguis	6	4
Crème sure faible en gras ou sans gras	1 c. à soupe (15 ml)	1 c. à soupe (15 ml)
Tranches d'oignon cuites dans la margarine	¹/₂ petit oignon 1 c. à thé (5 ml)	¹/₂ petit oignon 1 c. à thé (5 ml)
Saucisse à l'ail (kolbassa)	2 oz (60 g)	1 oz (30 g)
Soupe de betteraves	1 tasse (250 ml)	1 tasse (250 ml)
Petites tomates	2 ou 2 tranches de tomate	2 ou 2 tranches de tomate
Choucroute	¹/₂ tasse (125 ml)	¹/₂ tasse (125 ml)
Pêche	1 grosse	1 grosse
Biscuit ordinaire	1	1

169

PETIT REPAS

SOUPER 16

Hamburger et salade de pommes de terre

Si vous ajoutez ½ tasse (125 ml) de champignons tranchés frais à la viande crue, celle-ci sera moins sèche.

Préparez vos hamburgers avec du bœuf haché maigre ou extra-maigre. Une livre (454 g) de bœuf haché maigre vous donnera trois grosses boulettes ou quatre boulettes moyennes. Pour donner plus de goût, ajoutez des épices à la viande crue ou 2 c. à thé (10 ml) de mélange de soupe à l'oignon en sachet.

Voici différentes façons de faire cuire vos boulettes:
- faites-les griller sur le barbecue;
- disposez-les sur une grille et faites-les griller au four;
- faites-les cuire dans une poêle anti-adhésive, puis déposez-les sur une serviette en papier pour absorber l'excès de gras.

Pour votre sécurité:
Assurez-vous de bien faire cuire les boulettes de bœuf haché. Elles ne doivent plus être rosées. Rangez immédiatement les restes de viande au réfrigérateur.

Garnissez votre pain à hamburger avec beaucoup de laitue et des tranches de tomate et d'oignon. Ajoutez 1 c. à thé (5 ml) de ketchup, de moutarde et de relish ou, si vous préférez, de fromage à tartiner. Pour le gros repas, prévoyez une tranche de fromage.

Si vous préférez des hot-dogs (une saucisse dans un petit pain avec de l'oignon, du ketchup et de la moutarde), vous pouvez remplacer:
- *le hamburger au fromage (pour le gros repas), par deux hot-dogs sans fromage;*
- *le hamburger (pour le petit repas), par un hot-dog avec fromage.*

Salade de pommes de terre

Donne 4 tasses (1 litre)

Une portion de ½ tasse (125 ml)	
Calories	85
Glucides	15 g
Fibres	1 g
Protéines	2 g
Lipides totaux	2 g
Lipides saturés	0 g
Cholestérol	24 mg
Sodium	52 mg

4 petites pommes de terre cuites, hachées

½ poivron vert, finement haché

2 branches de céleri, finement hachées

2 ou 3 oignons verts, finement hachés (ou 1 petit oignon)

5 radis tranchés

2 c. à soupe (30 ml) de vinaigre

2 c. à soupe (30 ml) de mayonnaise légère

½ c. à thé (2 ml) de moutarde préparée

Sel et poivre au goût

1 œuf dur, haché

Pincée de paprika pour décorer

1. Dans un grand bol, mélangez les pommes de terre, le poivron vert, le céleri, les oignons verts et les radis.
2. Dans un petit bol, mélangez le vinaigre, la mayonnaise, la moutarde, le sel et le poivre. Mélangez à l'œuf dur, haché. Versez ce mélange sur les légumes et mélangez délicatement. Saupoudrez de paprika.

Un thé glacé accompagne fort agréablement ce repas. Il en existe beaucoup de variétés dans les magasins. Vous pouvez aussi vous préparer un délicieux thé glacé léger en mélangeant un reste de thé à du jus de citron et un édulcorant hypocalorique, au goût.

Une portion de melon d'eau ou de tout autre fruit frais termine bien ce repas.

Conseil de sécurité pour la salade de pommes de terre
Une fois la salade de pommes de terre préparée, conservez-la au réfrigérateur. Aussitôt le repas terminé, mettez-la au frigo. Ne la laissez jamais au soleil.

Vérifiez l'étiquette des emballages de thé glacé léger:
- *Assurez-vous que le thé que vous achetez contient moins de 20 calories par portion;*
- *L'emballage portera probablement une des mentions suivantes: «diète», «teneur réduite en calories» ou «léger».*

	Gros repas	Petit repas
Glucides	4 ½	4
Viandes et substituts	5	3
Matières grasses	3	2

Menu du souper	Gros repas (730 calories)	Petit repas (550 calories)
Hamburger au fromage/hamburger avec petit pain et garnitures	Gros hamburger, avec fromage	Hamburger moyen
Salade de pommes de terre	³/₄ tasse (175 ml)	¹/₂ tasse (125 ml)
Branches de céleri	2 branches	2 branches
Cornichons à l'aneth	2 petits ou 1 moyen	2 petits ou 1 moyen
Thé glacé, léger	12 oz (360 ml)	12 oz (360 ml)
Melon d'eau	3 petites tranches	3 petites tranches

PETIT REPAS

SOUPER 17

Dinde rôtie

La dinde rôtie est un véritable repas de fête à n'importe quel moment de l'année et les restes sont tellement faciles à utiliser dans les sandwiches et dans d'autres plats. J'ai ajouté quelques «extras» à ce repas pour le rendre encore plus attrayant. Même avec ces ajouts, ce repas ne contient pas plus de calories que les autres.

Je préfère la dinde sans farce. La farce au pain contient beaucoup de matières grasses en plus d'absorber la graisse de la dinde. Si vous voulez de la farce, préparez-la dans un plat allant au four graissé et couvert, ou dans une assiette d'aluminium. Mangez moins de pomme de terre si vous voulez manger de la farce.

Dinde

- Déposez la dinde dans une rôtissoire, la poitrine vers le haut. Pendant les dernières 15 min de cuisson, enlevez le couvercle si vous le désirez.
- Faites cuire la dinde au four à 350 °F (175 °C) pendant environ 15 minutes/lb (35 minutes/kg). Faites cuire jusqu'à ce que le thermomètre planté dans la cuisse indique 170 °F (80 °C). La dinde est cuite quand elle se détache facilement avec une fourchette.
- Lorsqu'elle est cuite, retirez la peau qui contient la majeure partie de gras et tranchez les parties blanches et brunes de la viande. Le brun contient plus de gras que le blanc.
- Servez la dinde avec 1 c. à soupe (15 ml) de canneberges que l'on trouve dans le commerce ou maison.

Si vous tenez à prendre de la sauce ordinaire, limitez-vous à 1 c. à soupe (15 ml).

Pommes de terre et sauce

- Suivez la recette de la sauce faible en gras (page 124) et de la purée de pommes de terre faible en gras (page 140).

Légumes

- Ce plat est servi avec une grande quantité de légumes comme des carottes, des petits pois, des cornichons à l'aneth, une salade de légumes en gelée (voir la recette à la page 157) et des asperges (fraîches ou en conserve).

Boisson

Dégustez ce plat avec un panaché de vin blanc (spritzer), en plus de votre verre d'eau. Le panaché contient moins de calories et d'alcool que le vin ordinaire. Pour préparer un panaché, versez 2 oz (60 ml) de vin sec dans un verre et remplissez-le de soda au gingembre «diète» ou de 7-up «diète».

Si vous préférez vous abstenir d'alcool:
- *préparez le panaché avec du vin non alcoolisé;*
- *servez-vous un verre de boisson gazeuse «diète», d'eau minérale gazéifiée ou de soda club.*

Dessert

La tarte à la citrouille sans croûte est un délicieux dessert. Lorsque je sers cette tarte à ma famille, personne ne se plaint qu'il n'y a pas de croûte. Vous pouvez la servir telle quelle ou encore avec une petite quantité de garniture fouettée.

Tarte à la citrouille sans croûte

Donne 6 pointes, soit une assiette à tarte de 9 po (23 cm)

1 boîte de 14 oz (398 ml) de citrouille

½ tasse (125 ml) de sucre

½ c. à thé (2 ml) de sel

½ c. à thé (2 ml) de gingembre moulu

1 c. à thé (5 ml) de cannelle moulue

¼ c. à thé (1 ml) de muscade moulue

¼ c. à thé (1 ml) de clou de girofle moulu

2 œufs légèrement battus

1 boîte de 13 oz (385 ml) de lait concentré, écrémé

Une pointe de tarte	
Calories	168
Glucides	31 g
Fibres	2 g
Protéines	8 g
Lipides totaux	2 g
Lipides saturés	1 g
Cholestérol	65 mg
Sodium	298 mg

1. Dans un grand bol, mélangez la citrouille, le sucre, le sel et les épices.
2. Incorporez les deux œufs légèrement battus et mélangez bien.
3. Ajoutez le lait concentré écrémé (agitez bien la boîte avant de l'ouvrir) et mélangez jusqu'à consistance lisse.
4. Versez dans une assiette à tarte légèrement graissée et mettez au four à 400 °F (200 °C) pendant environ 40 minutes ou jusqu'à ce qu'un couteau inséré près du centre de la tarte en ressorte propre. (Il est préférable d'utiliser une assiette à tarte en verre pour réaliser cette recette.)

Vous pouvez remplacer la garniture par un yogourt à la vanille.

Lisez bien l'étiquette et choisissez une garniture fouettée qui contient moins de 20 calories par portion de 2 c. à soupe (30 ml).

Cette tarte est meilleure lorsqu'elle est préparée la veille.

	Gros repas	Petit repas
Glucides	6	4 ½
Viandes et substituts	6	3 ½

Menu du souper	Gros repas (730 calories)	Petit repas (550 calories)
Dinde	3 oz (90 g) de viande blanche et 2 oz (60 g) de viande brune	3 oz (90 g) de viande blanche ou 2 oz (60 g) de viande blanche et 1 oz (30 g) de viande brune
Sauce aux canneberges	1 c. à soupe (15 ml)	1 c. à soupe (15 ml)
Purée de pommes de terre faible en gras	1 tasse (250 ml)	½ tasse (125 ml)
Sauce faible en gras	4 c. à soupe (60 ml)	2 c. à soupe (30 ml)
Pois et carottes	½ tasse (125 ml)	½ tasse (125 ml)
Asperges	7 branches	7 branches
Cornichon à l'aneth	1 moyen	1 moyen
Salade de légumes en gelée	½ tasse (125 ml)	½ tasse (125 ml)
Panaché de vin blanc (spritzer)	½ tasse (125 ml)	½ tasse (125 ml)
Tarte à la citrouille sans croûte	1 pointe	1 pointe
Garniture fouettée	1 c. à soupe (15 ml)	1 c. à soupe (15 ml)

PETIT REPAS

Macaroni au fromage gratiné

Le macaroni au fromage contenant beaucoup de glucides, vous pouvez ajouter 1 tasse (250 ml) d'un reste de viande, de poulet ou de poisson haché à la recette et omettre le dessert.

Une petite boîte de thon dans l'eau (6 oz/170 g) peut très bien remplacer les deux œufs. Égouttez bien le thon.

Utilisez un fromage faible en gras pour cette recette. Ainsi, vous consommerez moins de lipides.

Pour un macaroni plus relevé, ajoutez :
- *un soupçon de sauce chili piquante ;*
- *1 c. à soupe (15 ml) de salsa ;*
- *¼ c. à thé (1 ml) d'origan et de poudre d'ail.*

Macaroni au fromage gratiné

Donne environ 5 ½ tasses (1,375 litre)

2 tasses (500 ml) de macaroni non cuit	
2 c. à soupe (30 ml) de lait écrémé	
2 œufs battus à la fourchette	
½ boîte (5 oz ou 142 ml) de soupe aux tomates	
½ tasse (125 ml) de cheddar râpé, non tassé	
2 c. à soupe (30 ml) de chapelure assaisonnée (voir la page 148)	

1 tasse (250 ml)	
Calories	241
Glucides	34 g
Fibres	2 g
Protéines	11 g
Lipides totaux	7 g
Lipides saturés	3 g
Cholestérol	79 mg
Sodium	268 mg

1. Remplissez une casserole épaisse d'eau et amenez à ébullition. Ajoutez le macaroni et laissez bouillir 10 minutes. Égouttez.
2. Ajoutez le lait et les œufs au macaroni, puis mélangez rapidement à feu doux jusqu'à ce que les œufs soient cuits. Ajoutez la soupe aux tomates et le fromage, puis mélangez de nouveau. Le macaroni est prêt en 2 minutes.
3. Vous pouvez le servir de cette manière. Mais si vous voulez le faire gratiner (comme sur la photo), mettez le macaroni dans un plat allant au four et couvrez-le de chapelure assaisonnée. Faites-le cuire au four à 375 °F (190 °C) pendant une demi-heure.

Légumes

- Coupez le brocoli en morceaux et faites-le cuire à la vapeur ou bouillir légèrement. Vous trouverez un choix de légumes faibles en calories à la page 149.
- Pour varier, servez des morceaux de rutabaga ou de navet, ou encore faites cuire le navet avec des carottes, puis réduisez-les en purée ensemble.

Essayez ce délicieux dessert facile à préparer composé de banane, d'ananas, de pouding et de biscuits Graham. Un vrai délice!

Surprise à l'ananas

Donne six portions

Une portion	
Calories	141
Glucides	25 g
Fibres	1 g
Protéines	3 g
Lipides totaux	4 g
Lipides saturés	3 g
Cholestérol	1 mg
Sodium	283 mg

1 ½ tasse (375 ml) de lait écrémé

1 paquet de mélange léger pour pouding instantané à la vanille

1 tasse (250 ml) de garniture fouettée, congelée (ordinaire ou légère), décongelée

1 boîte de 8 oz (227 ml) d'ananas broyés, égouttés

2 petites bananes, finement tranchées

¼ tasse (60 ml) de biscuits Graham en miettes (soit environ 4 biscuits)

1. Versez le lait écrémé dans un bol moyen et ajoutez le mélange à pouding.
2. Battez à l'aide d'un fouet ou au mélangeur électrique jusqu'à ce que le mélange devienne épais (environ 2 minutes).
3. Incorporez délicatement la garniture fouettée, congelée, et les ananas, puis mélangez bien.
4. Ajoutez les bananes tranchées et les miettes de biscuits Graham au mélange à pouding. Réservez quelques tranches de banane et des miettes de biscuit pour décorer. Vous pouvez aussi verser une couche de pouding, une couche de bananes et une autre de miettes de biscuits.
5. Mettez au réfrigérateur jusqu'au moment de servir.

La Surprise à l'ananas peut également se préparer avec un mélange à pouding ordinaire au lieu d'un mélange léger. Chaque portion contiendra alors 2 ½ c. à thé (12 ml) de sucre de plus.

	Gros repas	Petit repas
Glucides	7	5
Viandes et substituts	1 ½	1
Matières grasses	2 ½	2

Menu du souper	Gros repas (730 calories)	Petit repas (550 calories)
Macaroni au fromage gratiné	2 tasses (500 ml)	1 ¼ tasse (300 ml)
Brocoli	1 ½ tasse (375 ml)	1 ½ tasse (375 ml)
Rutabaga ou bâtonnets de navet	½ tasse (125 ml)	½ tasse (125 ml)
Cornichons tranchés	5 tranches	5 tranches
Surprise à l'ananas	1 portion	1 portion

PETIT REPAS

Côtelette de porc et compote de pommes

Vous pouvez placer une grille dans une lèchefrite pour faire griller la viande au four. La graisse s'égouttera au fond de la lèchefrite.

Les coupes de porc suivantes sont moins grasses:
- *filet;*
- *cuisse et intérieur de ronde.*

Le porc n'est pas nécessairement un mets riche. Enlevez la graisse et faites griller les côtelettes sur le barbecue ou au four. Vous pouvez aussi les cuire dans une poêle anti-adhésive sans matières grasses. Le porc s'accompagne agréablement de pommes de terre bouillies, saupoudrées de persil frais ou séché.

Servez une petite portion de compote de pommes avec votre côtelette. Ou encore remplacez la compote par une pomme tranchée que vous ferez cuire avec des oignons et le porc.

Pour varier, préparez une côtelette d'agneau avec une sauce à la menthe.

Ce repas est servi avec une salade de haricots à l'allemande facile à préparer qui se conserve au réfrigérateur pendant une semaine. Cette salade de haricots à l'allemande est piquante; elle n'est pas sucrée du tout. Assaisonnez-la avec un vinaigre aromatisé comme sur la photo.

Salade de haricots à l'allemande

Donne 4 tasses (1 litre)

	Une portion de 1 tasse (250 ml)	
4 tasses (1 litre) de haricots jaunes ou verts cuits, ou deux boîtes de 14 oz (396 ml) de haricots coupés (égouttés)	Calories	40
	Glucides	9 g
	Fibres	3 g
½ oignon moyen, finement tranché	Protéines	2 g
	Lipides totaux	0 g
2 c. à soupe (30 ml) de vinaigre	Lipides saturés	0 g
¼ c. à thé (1 ml) de sel (pas de sel si vous utilisez des haricots en conserve)	Cholestérol	0 mg
	Sodium	149 mg

1. Coupez les haricots en morceaux de 1 po (2,5 cm) et mettez-les dans un bol à salade. Si vous utilisez des haricots en conserve, égouttez-les et mettez-les dans le bol.
2. Incorporez les autres ingrédients et mélangez.
3. Laissez reposer pendant 30 minutes. Servez.

Le pouding au tapioca est facile à préparer et excellent pour la santé. Vous pouvez remplacer le pouding proposé ci-dessous par un mélange de pouding léger, un des desserts proposés aux autres repas ou encore 1 tasse (250 ml) de lait avec un biscuit ordinaire.

Pouding au tapioca

Donne 4 portions

Une portion	
Calories	149
Glucides	28 g
Fibres	0 g
Protéines	6 g
Lipides totaux	1 g
Lipides saturés	1 g
Cholestérol	49 mg
Sodium	79 mg

1 œuf (séparez le jaune du blanc)

2 c. à soupe (30 ml) de sucre

2 tasses (500 ml) de lait écrémé

3 c. à soupe (45 ml) de tapioca à cuisson rapide

3 c. à soupe (45 ml) de sucre

Une pincée de sel

½ c. à thé (2 ml) de vanille

1. Mettez le blanc d'œuf dans un bol et le jaune dans une petite casserole. Battez le blanc d'œuf jusqu'à ce qu'il devienne mousseux. Ajoutez graduellement 2 c. à soupe (30 ml) de sucre jusqu'à ce que le mélange forme des pics.
2. Dans la casserole, battez le jaune d'œuf à la fourchette. Ajoutez le lait. Incorporez le tapioca, puis 3 c. à soupe (45 ml) de sucre et le sel.
3. Faites cuire ce mélange jusqu'à ébullition en remuant. Retirez du feu.
4. Versez une petite quantité du mélange au tapioca sur le blanc d'œuf battu et mélangez. Incorporez délicatement le reste du mélange au tapioca au blanc d'œuf. Laissez refroidir sur le comptoir.
5. Après 15 minutes, mélangez le tapioca. Ajoutez la vanille et mettez au réfrigérateur.
6. Avant de servir, si vous le désirez, décorez chaque portion avec 1 c. à thé (5 ml) de confitures «diète» ou un petit morceau de fruit.

	Gros repas	Petit repas
Glucides	6	5
Viandes et substituts	6	3 ½

Menu du souper	Gros repas (730 calories)	Petit repas (550 calories)
Côtelette de porc	1 moyenne de 5 oz (150 g), cuite	1 petite de 3 oz (90 g), cuite
Compote de pommes	¼ tasse (60 ml)	¼ tasse (60 ml)
Pommes de terre bouillies avec persil	8 mini ou ¼ moyenne	6 mini ou 1 moyenne
Salade de haricots à l'allemande	1 tasse (250 ml)	1 tasse (250 ml)
Pouding au tapioca	1 portion	1 portion
Café	1 tasse (250 ml)	1 tasse (250 ml)

PETIT REPAS

Tacos

Pourquoi ne pas préparer des tacos un jour, puis des burritos le lendemain avec le reste de la garniture? Si vous cuisinez pour une ou deux personnes seulement, vous pourrez congeler le reste.

Évitez les haricots frits en conserve parce qu'ils sont très riches en matières grasses.

Voici des suggestions de légumes faibles en calories qui sont excellents dans les tacos:
- *germes de haricot;*
- *tomates hachées;*
- *poivrons verts, rouge ou jaunes hachés;*
- *rondelles de piment fort (marinées);*
- *laitue finement coupée;*
- *salsa.*

Vous pouvez assaisonner vos tacos avec beaucoup ou peu d'épices, à votre goût. Vous pouvez les garnir avec la recette de garniture aux haricots secs à la viande décrite ci-dessous ou avec un reste de sauce à spaghetti, de chili con carne, de dinde ou d'une autre viande hachée. Les enfants adorent les tacos et ils veulent toujours aider à les préparer (tant pis pour les dégâts…). Pour varier, vous pouvez préparer des burritos en utilisant une tortilla au lieu d'un taco.

Garniture aux haricots secs et à la viande

Donne 5 tasses (1,25 litre), soit assez pour 20 tacos

¼ tasse (60 ml)	
Calories	70
Glucides	6 g
Fibres	2 g
Protéines	6 g
Lipides totaux	2 g
Lipides saturés	1 g
Cholestérol	12 mg
Sodium	146 mg

1 lb (454 g) de bœuf haché, maigre
1 tasse (250 ml) d'eau
½-1 sachet (1-1 ½ oz/30-45 g) de mélange à épices pour tacos ou burritos
1 boîte de 28 oz (796 ml) de haricots rouges ou blancs, égouttés et rincés

1. Dans une casserole moyenne, faites brunir le bœuf haché. Retirez le plus de gras possible de la casserole.
2. Incorporez l'eau et les épices. Faites cuire à feu moyen pendant 10 minutes. Ajoutez les haricots secs et prolongez la cuisson de 5 minutes. Ajoutez de l'eau au besoin.

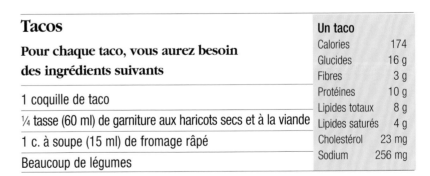

Tacos

Pour chaque taco, vous aurez besoin des ingrédients suivants

Un taco	
Calories	174
Glucides	16 g
Fibres	3 g
Protéines	10 g
Lipides totaux	8 g
Lipides saturés	4 g
Cholestérol	23 mg
Sodium	256 mg

1 coquille de taco
¼ tasse (60 ml) de garniture aux haricots secs et à la viande
1 c. à soupe (15 ml) de fromage râpé
Beaucoup de légumes

1. Faites chauffer les tacos au four à 350 °F (175 °C) pendant 5 minutes.
2. Remplissez chaque taco avec la garniture aux haricots secs et à la viande, le fromage et les légumes.

Comme les tacos et les burritos se mangent avec les mains, pourquoi ne pas servir d'autres plats qui se mangent aussi avec les mains? Essayez la trempette de légumes frais suivante.

Trempette aux légumes

Donne 1 ½ tasse (375 ml)

1 tasse (250 ml) de yogourt nature, écrémé

½ tasse (125 ml) de crème sure, faible en gras

2 c. à soupe (30 ml) de mélange pour soupe à l'oignon

Oignons verts, hachés, ou persil pour décorer

Une portion de 2 c. à soupe (30 ml)	
Calories	26
Glucides	4 g
Fibres	0 g
Protéines	1 g
Lipides totaux	1 g
Lipides saturés	0 g
Cholestérol	3 mg
Sodium	152 mg

1. Mélangez les trois premiers ingrédients.
2. Décorez avec les oignons verts ou le persil.

Si vous cherchez une trempette à légumes faible en sel, essayez cette recette qui contient le même nombre de calories que la précédente. Elle sera très appréciée en raison de son goût piquant, légèrement sucré.

Trempette à l'ail pour les légumes

Donne ¼ tasse (50 ml)

¼ tasse (60 ml) de crème sure sans gras

1 c. à thé (5 ml) de mayonnaise sans gras

1 c. à thé (5 ml) de vinaigre blanc

⅛ c. à thé (0,5 ml) d'ail et d'herbes d'assaisonnement sans sel ajouté ou de poudre d'ail

½ c. à thé (2 ml) d'édulcorant faible en calories (1 sachet)

Une portion de 2 c. à soupe (30 ml)	
Calories	28
Glucides	6 g
Fibres	0 g
Protéines	1 g
Lipides totaux	0 g
Lipides saturés	0 g
Cholestérol	0 mg
Sodium	66 mg

1. Mélangez tous les ingrédients.

Pour dessert, faites un gâteau des anges avec une préparation pour gâteau ou, mieux encore, achetez-en un à la boulangerie. Le gâteau des anges est le gâteau qui contient le moins de lipides. Servez-le avec des fruits, tels que les fraises (fraîches ou surgelées et non sucrées) et un soupçon de garniture fouettée congelée ou en conserve. Les autres choix de garnitures sont mentionnés à la page 177.

	Gros repas	Petit repas
Glucides	5	4
Viandes et substituts	3 ½	2
Matières grasses	3 ½	2 ½

Menu du souper	Gros repas (730 calories)	Petit repas (550 calories)
Tacos à la viande et aux haricots secs	3	2
Crudités	2 tasses (500 ml)	2 tasses (500 ml)
Trempette pour légumes	2 c. à soupe (30 ml)	2 c. à soupe (30 ml)
Gâteau des anges	¹⁄₁₀ d'un gâteau de 10 po (25 cm)	¹⁄₁₀ d'un gâteau de 10 po (25 cm)
Fraises	¹⁄₂ tasse (125 ml)	¹⁄₂ tasse (125 ml)
Garniture à la crème fouettée	1 c. à soupe (15 ml)	1 c. à soupe (15 ml)

PETIT REPAS

SOUPER 21

Foie et oignons

Vous aimez le foie? Alors, ce plat vous plaira. Les abats, comme le foie, les rognons, le gésier et le cœur, sont très riches en fer et autres nutriments. Comme ils sont aussi très riches en cholestérol, vous devez vous limiter à de petites portions.

Le foie de veau est meilleur et plus tendre, mais il est plus cher que le foie de bœuf. Le foie de porc a un goût un peu plus prononcé que le foie de bœuf.

Le foie de poulet est bon marché, tendre et délicieux. Six foies de poulet équivalent environ à un gros foie de bœuf.

Vous pouvez remplacer le foie de bœuf par une portion égale de rognon de bœuf.

Faites cuire des gésiers de poulet dans un peu de bouillon de poulet pendant au moins une heure jusqu'à ce qu'ils soient tendres. Environ 5 oz (140 g) de gésiers de poulet crus équivalent à une grosse portion de foie de bœuf.

Votre sang a besoin de fer. Les abats sont une des meilleures sources de fer. Voici d'autres bonnes sources de fer: le bœuf, le porc et le poulet, les œufs, les huîtres, les haricots secs, le pain de grains entiers, les céréales, les épinards, la laitue vert foncé et les fruits secs, comme les raisins.

Foie et oignons

Donne 3 grandes portions ou 4 moyennes

	Une grosse portion	
Calories		197
Glucides		14 g
Fibres		2 g
Protéines		24 g
Lipides totaux		4 g
Lipides saturés		1 g
Cholestérol		329 mg
Sodium		130 mg

4 oignons petits à moyens, finement tranchés

½ tasse (125 ml) de bouillon de bœuf — ½ sachet (2 g) de mélange pour bouillon de bœuf réduit en sel, mélangé à ½ tasse (125 ml) d'eau

¼ tasse (60 ml) de vin sec ou de vinaigre de vin

1 lb (454 g) de foie de bœuf

1. Faites chauffer le bouillon de bœuf et le vin dans une poêle anti-adhésive ou en fonte. Faites cuire les oignons à feu doux jusqu'à ce qu'ils soient tendres. Retirez les oignons de la poêle en laissant le liquide.

2. Faites cuire le foie dans la poêle à feu élevé pendant quelques minutes de chaque côté. Assurez-vous qu'il est bien cuit, mais pas trop. Si vous le faites trop cuire, il sera dur. Juste avant de servir, remettez les oignons dans la poêle pour les réchauffer.

3. Au moment de servir, si vous le désirez, versez le bouillon qui reste dans la poêle sur le foie et le riz.

Le foie est aussi excellent lorsqu'il est cuit sur le barbecue. Sur un barbecue chaud, le foie cuira rapidement – attention de ne pas trop le faire cuire.

Comme choix de féculent, mangez du riz (voir photo) ou des pommes de terre.

Ce mets est servi avec des carottes et des tomates. Vous pouvez servir des tomates en conserve ou des tomates fraîches, tranchées.

Pour dessert, servez une salade de fruits et deux gaufrettes à la vanille (ou un biscuit ordinaire, comme un biscuit arrowroot). Pour préparer la salade de fruits, mélangez vos fruits préférés, frais ou surgelés.

Une tasse (250 ml) de pommes de terre contient moins de glucides que la même quantité de riz.

	Gros repas	Petit repas
Glucides	7	5 ½
Viandes et substituts	4 ½	3

Menu du souper	Gros repas (730 calories)	Petit repas (550 calories)
Foie	1 grosse portion	1 petite portion
Oignons tranchés, cuits	½ tasse (125 ml)	½ tasse (125 ml)
Riz ou pommes de terre	1 ⅓ tasse (325 ml)	⅔ tasse (150 ml)
Carottes	½ tasse (125 ml)	½ tasse (125 ml)
Tomates en conserve	1 tasse (250 ml)	1 tasse (250 ml)
Salade de fruits frais	1 tasse (250 ml)	1 tasse (250 ml)
Gaufrettes à la vanille	2 petites	2 petites

PETIT REPAS

SOUPER 22

Burgers végétariens

Les bagels peuvent avoir différentes grosseurs et certains sont très gros. Un bagel de 3 po (7,5 cm) (utilisé pour ce repas) équivaut à 2 tranches de pain. Un bagel de 4 ½ po (11 cm) équivaut à 4 tranches de pain.

Le bagel est un pain lourd. Pour consommer moins de glucides, vous pouvez le remplacer par un petit pain de grains entiers.

Pour réduire la teneur en lipides, utilisez du fromage faible en gras.

Ces burgers végétariens sont délicieux lorsqu'ils sont servis sur un bagel ou un pain à hamburger. Garnissez votre bagel avec une généreuse quantité de légumes : laitue, tomates, oignons et concombres.

Burgers végétariens

Donne 12 burgers

Un burger	
Calories	143
Glucides	15 g
Fibres	4 g
Protéines	8 g
Lipides totaux	6 g
Lipides saturés	2 g
Cholestérol	22 mg
Sodium	113 mg

1 ½ tasse (375 ml) de riz cuit, brun ou blanc

1 boîte de 19 oz (540 ml) de fèves romano (ou de haricots pinto ou rouges)

⅓ tasse (80 ml) de graines de sésame

⅓ tasse (80 ml) de graines de tournesol

2 c. à soupe (30 ml) de germe de blé

¼ c. à thé (1 ml) de basilic

¼ c. à thé (1 ml) de poivre

½ c. à thé (2 ml) de poudre d'ail

1 c. à thé (5 ml) de flocons de persil

1 c. à thé (5 ml) d'aneth séché

1 œuf

1 tasse (250 ml) de mozzarella râpée, non tassée

1. Faites cuire le riz ou utilisez du riz refroidi que vous aurez fait cuire la veille.
2. Égouttez les fèves. Dans un petit bol, écrasez-les à l'aide d'une fourchette ou d'un pilon.
3. Dans un grand bol, mélangez tous les ingrédients avec une grosse cuillère ou une fourchette, ou encore avec vos mains.
4. Façonnez des boulettes. Dans une poêle anti-adhésive ou dans une poêle épaisse (légèrement graissée), faites-les cuire jusqu'à ce qu'elles brunissent.

Ajoutez une pincée d'aneth séché à de la mayonnaise avant de la tartiner sur votre burger.

Salade au chou frisé et à l'orange

Donne 1 portion

¾ tasse (175 ml) de feuilles de chou vert frisé (kale),
équeutées et hachées en fines lanières

⅓ tasse (75 ml) de bok choy, en tranches

⅓ tasse (75 ml) de brocoli, haché

¼ d'orange, en segments

3 fraises, en tranches

Une petite poignée de graines de sésame, de graines de lin moulues
ou de noix (facultatif)

Une portion	
Calories	64
Glucides	14 g
Fibres	4 g
Protéines	3 g
Lipides totaux	1 g
Lipides saturés	0 g
Cholestérol	0 mg
Sodium	47 mg

1. Mélangez tous les ingrédients.
2. Ajoutez votre vinaigrette préférée.

Ce dessert est facile à préparer et a un goût léger fort agréable.

Délice de rêve

Donne 4 portions

1 sachet de gélatine légère à la framboise

ou à toute autre saveur

1 sachet de gélatine non aromatisée

1 sachet de mélange de garniture à dessert (pour faire 2 tasses)

1 ¼ tasse (300 ml) d'eau bouillante

1 ¼ tasse (300 ml) d'eau froide

Une portion	
Calories	73
Glucides	8 g
Fibres	0 g
Protéines	2 g
Lipides totaux	4 g
Lipides saturés	4 g
Cholestérol	0 mg
Sodium	43 mg

Si vous préparez ce dessert avec de la gélatine ordinaire plutôt que légère, chaque portion contiendra alors 4 c. à thé (20 ml) de sucre de plus.

1. Dans un bol, mélangez les deux sachets de gélatine.
2. Ajoutez 1 ¼ tasse (300 ml) d'eau bouillante. Mélangez jusqu'à ce que la gélatine soit dissoute. Ajoutez ensuite 1 ¼ tasse (300 ml) d'eau froide et mélangez. Mettez au réfrigérateur.
3. Après environ 45 minutes, sortez la gélatine du réfrigérateur. Elle doit être aussi épaisse qu'un blanc d'œuf non battu, mais pas trop ferme.
4. Préparez le mélange à garniture fouettée en poudre en suivant les instructions sur le paquet.
5. Incorporez la garniture à la gélatine avec un batteur et mélangez bien.
6. Versez dans des bols à dessert. Mettez au réfrigérateur jusqu'à ce que la gélatine soit ferme.

	Gros repas	Petit repas
Glucides	5	4
Viandes et substituts	1 ½	1
Matières grasses	4 ½	3 ½

Menu du souper	Gros repas (730 calories)	Petit repas (550 calories)
Burgers végétariens	2	1
Bagel	1 (3 po/7,5 cm)	1 (3 po/7,5 cm)
Mayonnaise légère	1 c. à soupe (15 ml)	1 c. à soupe (15 ml)
Salade au chou frisé et à l'orange	1 portion	1 portion
Vinaigrette aux agrumes (p. 137)	2 c. à soupe (30 ml)	2 c. à soupe (30 ml)
Délice de rêve	1 tasse (250 ml)	1 tasse (250 ml)

PETIT REPAS

SOUPER 23

Casserole de saumon et de pommes de terre

Ce plat est l'une des spécialités de mon mari. Facile à préparer, il est toujours populaire. On peut le préparer avec du saumon ou du thon en conserve, ou encore avec les restes de n'importe quel poisson.

Pour assaisonner votre saumon, vous pouvez ajouter :
- *¹/₂ c. à thé (2 ml) de raifort ;*
- *¹/₄ c. à thé (1 ml) de moutarde ;*
- *1 c. à soupe (15 ml) de salsa ;*
- *1 c. à soupe (15 ml) de sauce à spaghetti.*

Vous pouvez utiliser de la purée de pommes de terre instantanée. Elle est plus onctueuse que la purée maison.

Casserole de saumon et de pommes de terre

Donne une petite casserole
(2 grosses portions ou 3 portions moyennes)

	Une grosse portion	
1 boîte (213 g) de saumon rose (dans l'eau)	Calories	519
	Glucides	39 g
Une pincée de poivre	Fibres	3 g
	Protéines	39 g
2 tasses (500 ml) de purée de pommes de terre	Lipides totaux	23 g
(vous pouvez utiliser un reste de purée)	Lipides saturés	13 g
	Cholestérol	133 mg
1 tasse (250 ml) de cheddar râpé, non tassé	Sodium	731 mg

1. Égouttez le saumon, puis réduisez-le en purée avec les arêtes. Déposez le saumon au fond d'un petit plat allant au four. Poivrez et recouvrez de la moitié du fromage râpé.
2. Étendez la purée de pommes de terre sur le saumon et le fromage.
3. Recouvrez avec le reste du fromage.
4. Faites cuire au four à 350 °F (175 °C) pendant une demi-heure, ou au four à micro-ondes pendant 8 minutes.

Pour varier, vous pouvez également faire des boulettes avec le mélange et les faire cuire dans une poêle anti-adhésive.

Ce plat est servi avec du maïs sucré ainsi que des épinards et un jus de tomate, deux légumes faibles en calories.

Vous pouvez acheter les épinards frais ou congelés.

Pour le maïs en crème, 1/3 tasse (80 ml) suffira et pour le maïs en grains, il faudra utiliser 1/2 tasse (125 ml). Le maïs en crème contient du sucre ajouté, la portion doit donc être plus petite.

Pour dessert, servez une gélatine légère aux fruits.

Les épinards sont riches en fer et en acide folique.

Vous pouvez remplacer la salade de fruits par un autre fruit en conserve, des pêches, par exemple. Coupez les fruits en morceaux.

Vous pouvez aussi utiliser 1 3/4 tasse (425 ml) de fruits frais en morceaux au lieu des fruits en conserve. Vous devez alors ajouter 1 tasse (250 ml) d'eau froide au lieu de 1/4 tasse (60 ml).

Gélatine légère aux fruits

Donne 3 portions de 1 tasse (250 ml)

1 sachet de gélatine légère

1 tasse (250 ml) d'eau bouillante

1/4 tasse (60 ml) d'eau froide

1 boîte de 14 oz (398 ml) de salade de fruits dans son jus

Une portion de 1 tasse (250 ml)	
Calories	68
Glucides	18 g
Fibres	1 g
Protéines	1 g
Lipides totaux	0 g
Lipides saturés	0 g
Cholestérol	0 mg
Sodium	37 mg

1. Mettez la gélatine dans un bol moyen (pas en plastique).
2. Ajoutez l'eau bouillante. Mélangez jusqu'à ce que la gélatine soit dissoute.
3. Ajoutez l'eau froide et la salade de fruits, puis mélangez bien.
4. Versez le mélange dans trois bols à dessert. Mettez au réfrigérateur jusqu'à consistance ferme.

Les tranches de tomates contiennent moins de sodium que le jus de tomate. Toutefois, le jus de tomate contient davantage de lycopène, un important antioxydant libéré par les tomates pendant la cuisson. Essayez de vous procurer du jus de tomate à teneur réduite en sodium.

	Gros repas	Petit repas
Glucides	5	4
Viandes et substituts	5	3
Matières grasses	2	1 ½

Menu du souper	Gros repas (730 calories)	Petit repas (550 calories)
Casserole de saumon et pommes de terre	1/2 recette	1/3 recette
Maïs	3/4 tasse (175 ml)	1/2 tasse (125 ml)
Épinards	1/2 tasse (125 ml)	1/2 tasse (125 ml)
Jus de tomate	1/2 tasse (125 ml)	1/2 tasse (125 ml)
Céleri	1/4 branche (dans du jus de tomate)	1 1/4 branche
Gélatine légère aux fruits	1 tasse (250 ml)	1 tasse (250 ml)

PETIT REPAS

SOUPER 24

Casserole de bœuf haché et de pâtes

> Les soupes condensées en conserve régulières contiennent beaucoup de sel, mais on trouve maintenant dans le commerce des marques qui contiennent moins de sel. Optez pour celles-ci dans la mesure du possible.

> Les champignons ajoutent du goût à cette recette.

> Pour avoir un plat plus relevé, vous pouvez toujours ajouter un soupçon de sauce piquante.

> Les pâtes en forme de tire-bouchon donnent un bel aspect à ce plat, mais si vous n'en avez pas, le macaroni fera tout aussi bien l'affaire.

La plupart des préparations de pâtes et de sauce à ajouter au bœuf haché contiennent beaucoup de matières grasses. Cette recette est moins riche en lipides.

Casserole de bœuf haché et de pâtes

Donne 7 ⅓ tasses (1,8 litre) environ
4 grosses portions ou 6 petites

Une portion de 1 tasse (250 ml)	
Calories	293
Glucides	38 g
Fibres	3 g
Protéines	18 g
Lipides totaux	7 g
Lipides saturés	3 g
Cholestérol	33 mg
Sodium	382 mg

1 lb (454 g) de bœuf haché, maigre

1 gros oignon haché

¼ c. à thé (1 ml) de poivre

1 boîte de 10 oz (284 ml) de soupe aux tomates

1 boîte de 10 oz (284 ml) de champignons
en morceaux (égouttés)

1 tasse (250 ml) de lait écrémé

1 c. à thé (5 ml) de sauce Worcestershire

4 tasses (1 litre) de pâtes non cuites en forme de tire-bouchon
ou 2 ½ tasses (625 ml) de macaroni

1. Dans une grosse casserole épaisse, faites brunir le bœuf haché. Enlevez tout le gras.
2. Ajoutez l'oignon haché à la viande et continuez la cuisson jusqu'à ce que l'oignon soit tendre. Ajoutez de l'eau si le mélange est trop sec. Ajoutez tous les autres ingrédients, sauf les pâtes. Laissez mijoter pendant 15 minutes.
3. Pendant la cuisson, plongez les pâtes dans une casserole d'eau bouillante. Une fois cuites, égouttez-les.
4. Ajoutez les pâtes cuites au mélange de viande. Laissez mijoter 5 minutes de plus.

Ce mets est servi avec un mélange de légumes et du chou à la vapeur.
Vous pouvez assaisonner votre chou avec 1 c. à soupe (15 ml) de fromage
à tartiner léger au lieu de beurre ou de margarine.

Pour dessert, prenez une portion de fruit frais.

*Vous pouvez remplacer
1 grosse banane par 1 tasse
(250 ml) de raisins au dessert.*

« Les repas et les collations santé me fournissent
l'énergie dont j'ai besoin pour faire mon travail. »

	Gros repas	Petit repas
Glucides	6 ½	5
Viandes et substituts	2 ½	1 ½
Matières grasses	1 ½	1

Menu du souper	Gros repas (730 calories)	Petit repas (550 calories)
Casserole de bœuf haché et de nouilles	1 ½ tasse (375 ml)	1 tasse (250 ml)
Légumes mélangés	1 tasse (250 ml)	1 tasse (250 ml)
Chou	1 tasse (250 ml)	1 tasse (250 ml)
Margarine ou beurre	1 c. à thé (5 ml)	½ c. à thé (2 ml)
Raisins	1 tasse (250 ml)	1 tasse (250 ml)

PETIT REPAS

SOUPER 25

Pizza

Vous pouvez également faire des mini pizzas sur des moitiés de pains à hamburger, des mini pitas ou sur des muffins anglais.

La pizza contient beaucoup de sel à cause du fromage et de la viande transformée qu'elle contient. Pour faire une pizza contenant moins de sodium, vous pouvez remplacer la viande transformée par de la viande ou de la volaille cuite et non salée que vous hacherez ou déferez en filaments (ex.: poulet).

Au moment d'acheter une sauce tomate, n'oubliez pas de vérifier la quantité de sodium dans le tableau de la valeur nutritive. Celle-ci peut varier considérablement selon la marque choisie. Optez pour une sauce tomate qui contient moins de 400 mg de sodium par ½ tasse (125 ml).

Vous pouvez vous offrir une pizza au restaurant ou préparer celle-ci à la maison. Sur la photo, vous voyez une pizza à pâte épaisse. Une pâte mince contient moins de calories. Choisissez une pizza avec beaucoup de légumes, et n'abusez pas de la viande et du fromage.

Si vous préparez votre propre pizza à la maison, vous pouvez réduire la teneur en gras en choisissant de la viande et du fromage maigres et en mettant une grande quantité de vos légumes préférés. Voici une recette facile à préparer.

Pizza maison

Donne une pizza de 12 po (30 cm) ou 8 pointes moyennes

Une grosse pointe de pizza	
Calories	293
Glucides	41 g
Fibres	3 g
Protéines	13 g
Lipides totaux	9 g
Lipides saturés	4 g
Cholestérol	18 mg
Sodium	570 mg

Une croûte de pizza de 12 po (30 cm), achetée à l'épicerie

1 tasse (250 ml) de sauce à pizza (voir l'encadré)

Légumes (champignons, poivrons, oignon, tomate, brocoli, courgette ou aubergine)

½ tasse (125 ml) d'ananas en morceaux

2 oz (60 g) de jambon, de saucisse ou de pepperoni en tranches

¾ tasse (175 ml) de fromage râpé à moins de 20 % M.G., non tassé

1. Recouvrez la pâte à pizza de sauce.
2. Ajoutez les légumes, l'ananas et la viande. Recouvrez de fromage.
3. Déposez la pizza sur une grille ou sur une plaque à pizza. Faites cuire à 350 °F (175 °C), jusqu'à ce que le fromage forme des bulles.

Sauce pour pizza

Donne environ 1 ⅔ tasse (400 ml)

2 c. à soupe (30 ml)	
Calories	10
Glucides	2 g
Fibres	0 g
Protéines	0 g
Lipides totaux	0 g
Lipides saturés	0 g
Cholestérol	0 mg
Sodium	157 mg

1 boîte de 14 oz (398 ml) de sauce tomate

½ c. à thé (2 ml) d'origan

½ c. à thé (2 ml) de poudre d'ail ou 1 gousse d'ail, hachée finement

Les ingrédients suivants qui ajoutent de la saveur sont facultatifs : 1 petit oignon haché finement, ½ branche de céleri hachée finement ou une pincée de cannelle ou de clou de girofle

1. Mélangez tous les ingrédients.

Accompagnez votre pizza d'une salade. Utilisez une vinaigrette commerciale sans huile ou la vinaigrette aux agrumes (page 137) qui contient moins de sel. Buvez une boisson gazeuse «diète» (tel qu'illustré) ou un petit verre de jus de tomate. Buvez aussi de l'eau.

Pour dessert, prenez un fruit.

Consommer des boissons gazeuses régulières, des boissons sucrées et même du jus augmentera votre consommation de sucre inutilement. Souvenez-vous que l'eau est ce dont votre corps a besoin lorsque vous êtes assoiffé (voir page 21). Pour en connaître davantage sur la quantité de sucre dans les différentes boissons, voir p. 248

Quelques conseils si vous mangez au restaurant

- Mangez un fruit ou un légume frais avant d'aller au restaurant. Vous aurez ainsi moins faim et vous éviterez de trop manger.
- Il est préférable de choisir ce que vous allez manger avant d'arriver au restaurant. Il est encore mieux de décider d'avance ce que vous ne voulez pas manger.
- Commencez par une salade, un consommé ou une soupe aux légumes. Les comptoirs de restauration rapide offrent maintenant des salades à leur menu.
- Demandez qu'on vous serve une vinaigrette faible en gras à part.
- N'hésitez pas à demander qu'on vous prépare les aliments à votre goût. Par exemple, si vous commandez un sandwich, demandez qu'on ne mette pas de beurre.
- Si vos portions sont trop grosses, demandez qu'on vous emballe les restes et apportez-les à la maison.

	Gros repas	Petit repas
Glucides	6 ½	5
Viandes et substituts	2	1 ½
Matières grasses	3	2
Extras	1	-

Menu du souper	Gros repas (730 calories)	Petit repas (550 calories)
Pizza de 12 po (30 cm)	2 grosses pointes (⅓ pizza)	2 pointes moyennes (¼ pizza)
Salade mélangée	grande	grande
Vinaigrette sans huile	1 c. à soupe (15 ml)	1 c. à soupe (15 ml)
Boisson gazeuse «diète»	grande	grande
Nectarine	1 grosse	1 grosse

PETIT REPAS

SOUPER 26 *Sandwich de poulet grillé et frites*

Oui, vous pouvez encore manger dans les établissements de restauration rapide – à l'occasion. La plupart des aliments servis dans ce genre de restaurants sont riches en matières grasses. Les portions sont souvent très grosses.

Comme les frites sont très populaires dans ces restaurants, elles font partie de ce repas, mais choisissez une petite portion seulement.

Si vous préparez ce repas à la maison, vous avez le choix entre des frites au four faibles en matières grasses (page 156), des frites surgelées au four ou une pomme de terre au four.

Au lieu de commander une poitrine de poulet grillée sur petit pain (comme sur la photo), vous pouvez choisir :
- une petite portion de six croquettes de poulet avec sauce ;
- un hamburger au poisson ;
- un hamburger au fromage.

Les portions et les ingrédients varient selon les établissements de restauration rapide. Demandez qu'ils vous fournissent les tableaux de la valeur nutritive de leurs mets et faites vos choix en tenant compte du nombre de calories qu'ils contiennent.

Ce repas comporte une salade assaisonnée d'une vinaigrette légère. Le petit repas ne comporte pas de salade à cause des calories (voir l'encadré). Au restaurant, le meilleur choix est une salade sans vinaigrette ou avec la moitié d'un sachet de vinaigrette légère (à base de vinaigre).

Comme ce repas contient plus de lipides que les autres repas, aucun dessert n'est prévu avec le petit repas.

Buvez de l'eau ou une boisson gazeuse «diète», si vous préférez.

Essayez de couper le lait et le sucre dans votre café ou votre thé, ou réduisez-en la quantité.

> *Vinaigrettes*
> - *Certaines vinaigrettes «légères» servies au restaurant sont encore trop riches en calories. Un petit sachet peut contenir jusqu'à 60 calories. Lisez bien l'étiquette.*
>
> - *Un sachet de vinaigrette «ordinaire» servie au restaurant peut contenir 200 calories.*
>
> - *La plupart des vinaigrettes servies dans les restaurants sont riches en sel.*

Menu du souper	Gros repas (730 calories)	Petit repas (550 calories)
Sandwich de poulet grillé	1	1
Frites	1 petite portion	1 petite portion
Ketchup	1 c. à soupe (15 ml)	1 c. à soupe (15 ml)
Salade	1 petite	1 petite (facultatif)
Vinaigrette légère	1 sachet	–
Boisson gazeuse «diète»	grande	grande
Cornet au yogourt glacé	1 petit	–

PETIT REPAS

SOUPER 27

Sauté à la chinoise

Mettez le riz à cuire avant de commencer à faire frire les légumes et la viande.

Suggestions de protéines
Vous pouvez remplacer la viande rouge, le poulet ou le poisson crus par:

- *5 oz (150 g) de restes de poulet, de viande ou de poisson cuit;*
- *7 oz (210 g) de crevettes (23 crevettes géantes);*
- *½ tasse (125 ml) de tofu ferme (en morceaux);*
- *28 amandes.*

Après avoir coupé la viande crue, lavez votre couteau et votre planche à découper à l'eau chaude savonneuse.

Pour préparer ce plat à la chinoise à la maison, ne mettez pas de matières grasses (ou très peu) dans la casserole, la poêle anti-adhésive ou le wok. Utilisez une casserole suffisamment grande pour contenir tous les légumes.

Sauté à la chinoise

Donne 4 tasses (1 litre) ou 2 grosses portions

Une portion de 1 tasse (250 ml)	
Calories	120
Glucides	16 g
Fibres	3 g
Protéines	12 g
Lipides totaux	2 g
Lipides saturés	0 g
Cholestérol	18 mg
Sodium	293 mg

¾ tasse (6 oz) ou 175 ml (180 g) de viande rouge maigre, de poulet ou de poisson (finement tranché)

1 sachet (4,5 g) de mélange pour bouillon de poulet ou de bœuf réduit en sel

2 c. à soupe (30 ml) d'eau

1 petit oignon

1 ou 2 gousses d'ail hachées

4 à 6 tasses (1 à 1,5 litre) de légumes variés en morceaux

2 c. à thé (10 ml) de fécule de maïs

¼ tasse (60 ml) d'eau froide

1 c. à soupe (15 ml) de sauce soya réduite en sodium

¼ c. à thé (1 ml) de gingembre moulu

1. Hachez ou tranchez l'oignon, l'ail et les légumes. Habituellement, je place dans un même bol les légumes qui demandent le plus de cuisson, comme les carottes et le brocoli, puis dans un autre bol ceux qui cuisent plus vite, comme les fèves germées. Mettez les bols de légumes de côté.
2. Placez la viande crue (ou un autre choix de protéines) dans le wok ou une poêle à frire non chauffée. Saupoudrez la viande du mélange pour bouillon et mêlez bien. Ajoutez 2 c. à soupe (30 ml) d'eau. Chauffez le wok ou la poêle et faites cuire pendant environ 3 minutes. Si vous utilisez un reste de viande déjà cuite, vous n'avez pas besoin de la faire cuire à nouveau.
3. Ajoutez les oignons, l'ail et les légumes que vous avez mis dans le premier bol. Faites cuire à feu élevé en remuant pendant 5 à 10 minutes, jusqu'à ce que les légumes soient cuits. Ajoutez maintenant les légumes du deuxième bol.
4. Dans un petit bol, mélangez la fécule de maïs, l'eau froide, la sauce soya et le gingembre. Versez ce mélange dans le wok. Continuez la cuisson pendant une minute ou deux.

Au moment de choisir le riz que vous servirez avec ce plat, rappelez-vous que le riz brun et le riz étuvé sont préférables au riz blanc.

Il est préférable d'utiliser des légumes frais pour cette recette, mais les légumes surgelés ou en conserve font aussi l'affaire. Voici un choix de légumes :

- pousses de bambou (en conserve) ;
- brocoli (en morceaux) ;
- carottes ou céleri (en tranches) ;
- champignons (tranchés) ;
- chou (râpé) ;
- chou-fleur (en morceaux) ;
- germes de haricot ;
- maïs miniatures (en conserve) ;
- oignons verts (hachés) ;
- petits pois surgelés ou pois mange-tout frais ;
- poivrons verts (en lamelles).

Ce repas comprend un consommé de bœuf et des craquelins (biscuits soda). Pour réduire le sel, utilisez seulement ½ sachet de bouillon ou remplacez la moitié du bouillon en conserve par de l'eau.

Mangez beaucoup de plats de légumes faibles en calories. Vous pouvez assaisonner votre riz avec un peu de sauce soya. Le riz frit est riche en matières grasses. Au restaurant, prenez une petite quantité de riz frit mélangé à du riz blanc, si vous le désirez.

Évitez les aliments panés préparés en grande friture et servis avec une sauce sucrée.

Un biscuit chinois (*fortune cookie*) constitue un bon dessert. En plus, vous connaîtrez votre avenir. Bonne chance !

	Gros repas	Petit repas
Glucides	6 ½	6
Viandes et substituts	2 ½	2

Menu du souper	Gros repas (730 calories)	Petit repas (550 calories)
Bouillon de bœuf	1 tasse (250 ml)	1 tasse (250 ml)
Sauté à la chinoise	2 tasses (500 ml)	1 ½ tasse (375 ml)
Riz blanc ou brun	²/₃ tasse (150 ml), cuit	²/₃ tasse (150 ml), cuit
Lait écrémé ou 1 %	1 tasse (250 ml)	1 tasse (250 ml)
Poire	1 moyenne	1 moyenne
Biscuits chinois (*fortune cookie*)	2	1
Thé	1 tasse (250 ml)	1 tasse (250 ml)

PETIT REPAS

SOUPER 28

Sandwich Denver et soupe

Pour réduire la quantité de sel dans ce sandwich, achetez du bacon à faible teneur en sodium. Le bacon de dos et le bacon de dinde contiennent moins de lipides que le bacon régulier.

Au restaurant, une soupe et un sandwich constituent un excellent petit repas. Vous avez le choix entre un sandwich Denver, un club ou un sandwich bacon, laitue et tomate. Demandez qu'on ne mette ni beurre ni mayonnaise sur le pain ou demandez qu'on en mette très peu. Évitez les frites. Si vous voulez vous préparer un sandwich Denver à la maison, voici la recette.

Sandwich Denver

Donne un sandwich

Un sandwich	
Calories	363
Glucides	27 g
Fibres	4 g
Protéines	21 g
Lipides totaux	20 g
Lipides saturés	5 g
Cholestérol	381 mg
Sodium	661 mg

1 tranche de 1 oz (30 g) de bacon ou de jambon

2 œufs

1 c. à soupe (15 ml) de persil, d'oignons verts, d'oignon ou de ciboulette (haché)

Poivre au goût

2 rôties beurrées avec ½ c. à thé (2 ml) de beurre, de margarine ou de mayonnaise, ou encore avec 1 c. à thé (5 ml) de mayonnaise légère

Laitue

1. Hachez le bacon et faites-le frire. Enlevez tout le gras et mettez les morceaux de bacon sur une serviette de papier pour absorber le gras. Si vous utilisez du jambon haché au lieu du bacon, vous n'avez pas besoin de le faire cuire.
2. Dans un petit bol, battez les œufs à la fourchette. Ajoutez le bacon ou le jambon ainsi que le persil ou les oignons verts.
3. Faites cuire dans une poêle anti-adhésive sans gras. Remuez de temps en temps.
4. Déposez le mélange aux œufs sur une rôtie.
5. Complétez votre sandwich avec de la laitue ou d'autres légumes.

Si vous n'avez pas le goût d'une soupe aux tomates, commandez une soupe aux légumes ou un verre de jus de tomate. Les crèmes de champignons ou de pois verts sont les soupes les plus riches en calories. N'en abusez pas.

Les craquelins suivants contiennent à peu près le même nombre de calories :
- 1 bâtonnet de pain ;
- 2 craquelins (biscuits soda) ;
- 1 croustipain ;
- 2 biscottes Melba ;
- 1 craquelin (de type Ritz).

Ce repas ne comporte pas de dessert. Si vous désirez terminer votre repas par un petit fruit, ne prenez pas de bâtonnets de pain. Vous pouvez aussi choisir un dessert très faible en calories, comme une gélatine légère ou une sucette glacée sans sucre achetée à l'épicerie.

> *Les soupes en conserve régulières contiennent beaucoup de sel, mais on trouve maintenant des produits réduits en sel. Optez pour ceux-ci lorsque vous le pouvez. Par exemple, 1 tasse (250 ml) de soupe aux tomates en conserve préparée avec de l'eau contient environ 700 mg de sodium ; une marque à faible teneur en sel n'en contient que 450 mg par tasse.*

Le fait de marcher après un repas permet de vous sentir mieux et aide à diminuer votre glycémie.

Votre glycémie augmente après un repas ; une courte marche d'environ 1 heure effectuée après avoir mangé vous aidera à la diminuer. L'idéal est de faire une marche de 30 à 60 minutes, mais même une marche moins longue de 10 à 15 minutes peut contribuer à diminuer votre glycémie et votre tension artérielle après un repas.

	Gros repas	Petit repas
Glucides	4 ½	3 ½
Viandes et substituts	3	2
Matières grasses	5	3 ½

Menu du souper	Gros repas (730 calories)	Petit repas (550 calories)
Soupe aux tomates (faite avec de l'eau)	1 tasse (250 ml)	1 tasse (250 ml)
Bâtonnet de pain	1 ½	1 ½
Sandwich Denver	1 ½ sandwich	1 sandwich
Salade	grosse	grosse
Vinaigrette sans huile	1 c. à soupe (15 ml)	1 c. à soupe (15 ml)

PETIT REPAS

Brochettes

En grec, une brochette se dit souvlaki et elle ne comporte que de la viande. En général, elle est bien imbibée d'huile d'olive et contient beaucoup de calories.

Dans un restaurant grec ou du Moyen-Orient, choisissez des brochettes: c'est le mets le moins riche en matières grasses. Badigeonnez la viande de cette délicieuse marinade faible en matières grasses ou de votre sauce barbecue préférée.

Marinade pour brochettes

Donne une quantité suffisante pour 2 brochettes

Une portion de 1 c. à soupe (15 ml)	
Calories	8
Glucides	1 g
Fibres	0 g
Protéines	0 g
Lipides totaux	0 g
Lipides saturés	0 g
Cholestérol	0 mg
Sodium	84 mg

2 c. à soupe (30 ml) de sauce soya réduite en sodium

2 c. à soupe (30 ml) d'oignons finement hachés

1 gousse d'ail, écrasée et finement hachée, ou ½ c. à thé (2 ml) de poudre d'ail

1 c. à soupe (15 ml) de racine de gingembre haché ou 1 c. à thé (5 ml) de poudre de gingembre

2 c. à soupe (30 ml) de vin sec ou de vinaigre de vin

Mélangez tous les ingrédients dans un bol. Faites mariner la viande au réfrigérateur pendant environ deux heures.

Brochettes

Pour chaque brochette, vous aurez besoin des ingrédients suivants:

Viande – cubes de 4 cm (1 ½ po) de bœuf ou d'agneau maigre

Pour le gros repas: 4 cubes – 6 oz (180 g) de viande crue
Pour le petit repas: 3 cubes – 4 oz (120 g) de viande crue

Légumes

Tomates cerises, champignons frais entiers, poivrons verts en morceaux, petits oignons entiers (ou en morceaux), courgettes, aubergines ou tout autre légume au choix.

1. Disposez la viande et les légumes sur des brochettes, comme sur la photo. À l'aide d'un pinceau, enrobez-les de marinade. Si vous aimez votre viande bien cuite, faites griller les brochettes sur le barbecue pendant 5 minutes avant d'ajouter les légumes.
2. Faites griller les brochettes sur le barbecue de 5 à 10 minutes ou jusqu'à ce qu'elles soient cuites.

Pour varier, ajoutez 1 c. à soupe (15 ml) de sauce tomate ou de sauce à pizza sur votre riz cuit (voir la page 208).

La salade grecque se compose de tomates, d'oignon, de poivron vert, de feta et d'olives noires. Vous pouvez aussi ajouter de la laitue.

Salade grecque

Donne deux grosses salades

Une grosse portion	
Calories	201
Glucides	16 g
Fibres	4 g
Protéines	5 g
Lipides totaux	14 g
Lipides saturés	4 g
Cholestérol	17 mg
Sodium	474 mg

2 grosses tomates coupées en quartiers

½ oignon moyen, tranché

½ poivron vert en morceaux

½ petit concombre

¼ tasse (60 ml) de feta, en miettes ou en morceaux

4 olives noires

2 c. à soupe (30 ml) de vinaigrette italienne sans huile (ou d'huile d'olive)

1 c. à thé (5 ml) d'origan

1. Mélangez les tomates, l'oignon, le poivron vert, le concombre, la feta et les olives.
2. Avant de servir, ajoutez la vinaigrette et saupoudrez d'origan.

Un dessert faible en matières grasses complète ce repas : une pomme saupoudrée d'une pincée de cannelle et de sucre à glacer. Vous pouvez remplacer la pomme par une orange ou ½ tasse (125 ml) de cantaloup, de melon ou de raisins.

Si vous prenez ce repas au restaurant, n'oubliez pas de demander qu'on vous serve de la vinaigrette légère à part.

	Gros repas	Petit repas
Glucides	4 ½	3 ½
Viandes et substituts	5	3
Matières grasses	3	2 ½

Menu du souper	Gros repas (730 calories)	Petit repas (550 calories)
Brochettes	1 avec 4 cubes de bœuf	1 avec 3 cubes de bœuf
Riz blanc ou brun	²/₃ tasse (150 ml), cuit	²/₃ tasse (150 ml), cuit
Salade grecque avec vinaigrette	1 portion	1 portion
Petit pain croustillant	1	—
Margarine	1 c. à thé (5 ml)	—
Pomme à la cannelle	½ pomme moyenne avec ½ c. à thé (2 ml) de sucre à glacer et de la cannelle	½ pomme moyenne avec ½ c. à thé (2 ml) de sucre à glacer et de la cannelle

PETIT REPAS

Rotis au cari

Les rotis et les chapatis sont des galettes indiennes faites avec de la farine et de l'eau. On trouve des rotis et des chapatis prêts à manger dans le commerce.

Si vous ne pouvez pas vous procurer de rotis, placez ½ tasse (125 ml) de farce dans 2 chapatis ou une demi-tortilla de 10 po (25 cm). Vous pouvez aussi remplacer un roti par ⅔ de tasse (150 ml) de riz.

Dans les Antilles, les rotis sont servis avec une farce au cari composée de viande, de poulet ou de haricots secs et de pommes de terre.

Plantain

Le plantain ressemble à une banane verte (voir la photo). Mais contrairement à la banane, il faut le faire cuire avant de le manger. Le plantain est mûr lorsque sa pelure commence à noircir. Vous pouvez alors l'éplucher, le couper en lamelles et le faire bouillir jusqu'à ce qu'il soit tendre. Ensuite, enduisez-le légèrement de margarine à l'aide d'un pinceau et faites-le rôtir ou griller au four. Vous pouvez également le faire bouillir d'abord, puis le faire cuire dans une poêle anti-adhésive. Ce légume est considéré comme un féculent (comme le maïs et les pommes de terre).

Farce de pois chiches et de pommes de terre au cari

Donne 3 tasses (750 ml), ce qui est suffisant pour six rotis

Un roti	
Calories	172
Glucides	34 g
Fibres	5 g
Protéines	6 g
Lipides totaux	2 g
Lipides saturés	0 g
Cholestérol	0 mg
Sodium	277 mg

¼ tasse (60 ml) d'eau

1 c. à thé (5 ml) d'huile végétale

1 oignon moyen, haché

2 gousses d'ail finement hachées ou broyées

1 c. à soupe (15 ml) de poudre de cari (douce ou forte)

Un soupçon de sauce piquante ou de poudre de chili

2 petites pommes de terre cuites et coupées en petits morceaux

1 boîte de 19 oz (540 ml) de pois chiches dans leur jus

1. Faites chauffer l'eau et l'huile dans une casserole épaisse et ajoutez l'oignon, l'ail, la poudre de cari et la sauce piquante. Laissez mijoter à feu doux jusqu'à ce que l'oignon soit tendre.
2. Ajoutez les pommes de terre cuites et les pois chiches avec leur jus et continuez la cuisson pendant une demi-heure. Laissez refroidir et conservez au réfrigérateur jusqu'au lendemain.

Pour faire les rotis

Le lendemain, faites réchauffer la farce et déposez ½ tasse (125 ml) de farce au milieu de chaque roti de 3 oz (90 g). Repliez un bord sur la farce, puis l'autre. Pliez les bouts vers le centre pour faire un beau chausson. Déposez les chaussons sur une plaque, les plis en dessous. Faites cuire au four à micro-ondes à température élevée pendant trois à quatre minutes ou dans un four chaud pendant une demi-heure.

Ce plat est servi avec des bâtonnets de carotte et de concombre au yogourt. Le gros repas comporte aussi du plantain.

Concombres au yogourt

Donne 2 portions

Par portion	
Calories	24
Glucides	4 g
Fibres	1 g
Protéines	2 g
Lipides totaux	0 g
Lipides saturés	0 g
Cholestérol	1 mg
Sodium	23 mg

1 concombre moyen, pelé et coupé en tranches fines

¼ tasse (50 ml) de yogourt nature sans gras

Menthe ou paprika, au goût

Un trait de vinaigre ou de jus de citron jaune ou vert

½ c. à thé (2 ml) de poudre d'ail ou 1 gousse d'ail, hachée finement

1. Mélangez tous les ingrédients dans un bol.

Meringues à la noix de coco

Donne 28 meringues de 2 po (5 cm)

Une meringue	
Calories	32
Glucides	7 g
Fibres	0 g
Protéines	1 g
Lipides totaux	0 g
Lipides saturés	0 g
Cholestérol	0 mg
Sodium	8 mg

1 tasse (250 ml) de sucre

¼ c. à thé (1 ml) de crème de tartre

4 blancs d'œufs, à température de la pièce

½ c. à thé (2 ml) d'essence de noix de coco

1 c. à soupe (15 ml) de noix de coco non sucrée (facultatif)

Pour terminer ce repas, servez des meringues à la noix de coco qui contiennent du sucre, mais pas de gras. Ce dessert est donc faible en calories. Deux meringues contiennent à peu près la même quantité de sucre et de calories qu'une petite portion de fruit.

1. Dans un petit bol, mélangez le sucre et la crème de tartre.
2. Battez les blancs d'œufs jusqu'à ce qu'ils soient fermes. Ajoutez graduellement le mélange de sucre et de crème de tartre, puis continuez de battre jusqu'à ce que le mélange forme des pics fermes. Incorporez l'essence de noix de coco tout en battant.
3. Déposez des cuillerées du mélange sur deux plaques à biscuits non graissées. Saupoudrez les meringues de noix de coco. Faites cuire à 200 °F (90 °C) pendant deux heures. Après une heure et demie, vérifiez si elles sont prêtes. Elles doivent être sèches lorsque vous les piquez avec une brochette ou un cure-dent. Lorsqu'elles sont prêtes, éteignez le four et laissez-les reposer pendant deux heures de plus.
4. Une fois refroidies, rangez-les dans un pot à biscuits ou dans un contenant en plastique.

	Gros repas	Petit repas
Glucides	7	5
Viandes et substituts	½	½
Matières grasses	2	1

Menu du souper	Gros repas (730 calories)	Petit repas (550 calories)
Roti aux pommes de terre et pois chiches	1 roti	1 roti
Plantain rôti – enduit de ½ c. à thé (5 ml) de margarine	¼ petit	–
Bâtonnets de carotte	1 carotte moyenne	⅓ carotte moyenne
Concombre (dans du yogourt)	1 portion	1 portion
Meringues à la noix de coco	2	1

229

PETIT REPAS

Poulet tandoori et riz

C'est pendant mon séjour au Kenya que j'ai fait la merveilleuse découverte du poulet tandoori. C'est un mets délicieux, juste assez épicé. Le poulet est enrobé d'une sauce épicée faible en gras, puis cuit au four ou sur le barbecue.

Le poulet tandoori peut être servi avec :
- *du riz, comme sur la photo (le riz basmati est mon préféré);*
- *un pain naan;*
- *un chapati, soit une galette de pain de l'Inde qui ressemble au roti.*

Cette recette est aussi délicieuse si vous remplacez le mélange d'épices indiennes par du cari en poudre. Dans ce cas, la sauce prendra une couleur dorée. Le mélange d'épices indiennes donne une sauce plutôt rougeâtre.

Il est important de faire bouillir la sauce pendant 5 minutes, car le poulet cru peut contenir de nombreuses bactéries. En portant la sauce à ébullition avant de la servir, on évitera les intoxications alimentaires.

Poulet tandoori avec sauce

Donne 5 grosses portions ou 8 petites

Sauce :

		Une grosse portion	
1 ½ tasse (375 ml) de yogourt nature écrémé (blanc)		Calories	7
4 ½ c. à thé (22 ml) de mélange à épices indiennes que l'on trouve dans le commerce		Glucides	1 g
		Fibres	0 g
4 ½ c. à thé (22 ml) de vinaigre		Protéines	1 g
		Lipides totaux	0 g
4 ½ c. à thé (22 ml) de jus de citron		Lipides saturés	0 g
		Cholestérol	0 mg
2 ½ lb (1 kg) de poulet en morceaux sans peau		Sodium	9 mg

1. Dans un grand bol ou dans une casserole, mélangez tous les ingrédients de la sauce.
2. Coupez le poulet en morceaux assez petits pour qu'ils absorbent le goût du yogourt. Ajoutez les morceaux de poulet dans le bol ou la casserole en vous assurant qu'ils sont bien enrobés de sauce. Couvrez et placez au réfrigérateur pendant au moins 4 heures ou jusqu'au lendemain.
3. Secouez délicatement les morceaux de poulet pour enlever le surplus de sauce et faites-les griller sur le barbecue ou au four sur une grille placée sur une lèchefrite, à environ 5 po (13 cm) sous l'élément. Faites-les cuire pendant 10 à 15 minutes de chaque côté jusqu'à ce qu'ils soient bien cuits.
4. Mettez le surplus de sauce dans une petite casserole à fond épais et amenez à ébullition pendant 5 minutes. Donnez à chaque personne un petit plat de sauce pour qu'elle y plonge le poulet ou en assaisonne le riz.

Pappadams
Si vous n'avez jamais essayé les pappadams, vous ne savez pas ce que vous manquez! On trouve les pappadams dans les grands supermarchés et dans les épiceries spécialisées. Ce sont des galettes rondes de 5 à 7 po (13 à 18 cm) douces ou épicées. Tout ce que vous avez à faire, c'est de les faire griller au four; au bout d'une minute ou deux, elles se mettront à former des bulles et à brunir. Faites-les griller des deux côtés. Ou encore, passez-les rapidement sous le robinet pour les humecter, puis mettez-les au four à micro-ondes à température élevée pendant environ 40 secondes. Les pappadams accompagnent bien les plats au cari et peuvent être servies en collation.

Pour terminer ce repas en beauté, servez une portion de fruit tropical, par exemple de la mangue ou de la papaye.

Thé indien aux épices

Donne 5 tasses (1,25 litre)

	Une grosse portion	
Calories		44
Glucides		6 g
Fibres		0 g
Protéines		4 g
Lipides totaux		0 g
Lipides saturés		0 g
Cholestérol		2 mg
Sodium		67 mg

1 sachet de thé

3 graines de cardamome

1 bâton de cannelle de 2 po (5 cm)

½ c. à thé (2 ml) de jus de citron

2 ½ tasses (625 ml) d'eau bouillante, soit le contenu d'une théière

2 ½ tasses (625 ml) de lait chaud

1. Mettez le thé, la cardamome, la cannelle et le jus de citron dans votre théière. Remplissez-la d'eau bouillante et laissez infuser pendant 5 minutes. Retirez les sachets de thé, la cardamome et la cannelle de la théière.
2. Servez le thé avec une égale quantité de lait écrémé chaud et, si vous le désirez, 1 c. à thé (5 ml) de sucre, de miel ou d'édulcorant hypocalorique.

Avec ce repas, servez du thé chai, ou encore essayez ce thé indien aux épices.

	Gros repas	Petit repas
Glucides	6	4 ½
Viandes et substituts	5	3

Menu du souper	Gros repas (730 calories)	Petit repas (550 calories)
Poulet tandoori	1 grosse cuisse	1 petite cuisse
Sauce tandoori	4 c. à soupe (60 ml)	2 c. à soupe (30 ml)
Riz (basmati)	1 tasse (250 ml)	²/₃ tasse (150 ml)
Légumes crus	au goût	au goût
Pappadams	2	2
Mangue	½ moyenne	½ moyenne
Thé indien aux épices	1 tasse (250 ml)	1 tasse (250 ml)

PETIT REPAS

32

Bifteck à la suisse

Même si j'ai adapté la recette de bifteck à la suisse de ma belle-mère en réduisant la quantité de matières grasses et de sucre, ses enfants et ses petits-enfants en redemandent. Cette recette contient moins de beurre et j'utilise un vin sec au lieu du vin doux proposé dans la recette originale.

Bifteck à la suisse de grand-maman

Donne 6 grosses portions ou 8 petites

Une grosse portion	
Calories	324
Glucides	5 g
Fibres	1 g
Protéines	47 g
Lipides totaux	11 g
Lipides saturés	6 g
Cholestérol	122 mg
Sodium	363 mg

3 lb (1,5 kg) de bifteck de pointe de surlonge

1 c. à thé (5 ml) de sel aux épices (marque Hy's de préférence)

¼ c. à thé (1 ml) de poivre

2 c. à soupe (30 ml) de beurre

1 gros oignon, haché ou coupé en rondelles

5 tasses (1,25 litre) de champignons frais, lavés et coupés en tranches

1 c. à soupe (15 ml) de beurre

¼ tasse (60 ml) de vin rouge ou blanc sec

¾ tasse (175 ml) d'eau

1. Aplatissez la viande de chaque côté à l'aide d'un attendrisseur à viande. Si vous n'en avez pas, utilisez le bord d'une petite assiette pour aplatir les biftecks. Retirez tout le gras visible. Faites des trous dans la chair à l'aide d'une fourchette. Coupez la viande en morceaux de la grosseur d'un jeu de cartes ou plus petits. Mettez la viande sur une tôle.
2. Assaisonnez la viande de chaque côté avec le sel aux épices et le poivre. Faites pénétrer les assaisonnements dans la chair avec le dos d'une cuillère.
3. Dans une grande poêle à frire anti-adhésive à fond épais, faites frire les oignons et les champignons dans 2 c. à soupe (30 ml) de beurre jusqu'à ce que les oignons soient tendres. Réservez.
4. Ajoutez 1 c. à soupe (15 ml) de beurre dans la poêle et faites cuire la viande à feu moyen en la faisant brunir de chaque côté.
5. Mettez la viande dans un plat de cuisson ou une plaque à rôtir et couvrez avec le vin, le mélange d'oignons et de champignons.
6. Versez l'eau dans la poêle et raclez le fond à l'aide d'une spatule. Versez les jus de cuisson dans le plat.
7. Couvrez la casserole et faites cuire au four à 325 °F (150 °F) pendant 2 h ou jusqu'à ce que la viande soit tendre sous la fourchette. Ajoutez un peu d'eau au besoin afin que la viande cuise toujours dans du liquide.

Servez la viande avec des pommes de terre bouillies, des petits pois et des carottes ainsi que des lanières de poivron rouge frais ou grillé.

Lanières de poivron grillé

Mettez les poivrons coupés en deux sous le gril de votre four (ou sur le barbecue), côté peau vers le haut, environ 5 à 8 minutes, jusqu'à ce que la surface noircisse. Retirez les poivrons du feu et mettez-les dans un sac de papier ou enveloppez-les dans des serviettes en papier pendant quelques minutes. Débarrassez-les ensuite de leur peau noircie, puis coupez-les en lanières.

Le dessert ci-dessous est idéal pour terminer ce repas.

Poires au citron

Donne 1 portion

3 demi-poires petites ou 2 demi-poires moyennes, avec 3 c. à soupe (45 ml) de Sauce au citron

Sauce au citron :

¾ tasse (175 ml) de jus de poire la quantité contenue normalement dans une boîte de 14 oz (398 ml)

1 c. à soupe (15 ml) de fécule de maïs

1 c. à thé (5 ml) de zeste de citron et 1 c. à soupe (15 ml) de jus de citron (jus d'un demi-citron)

1 c. à soupe (15 ml) de sucre

Une portion	
Calories	88
Glucides	23 g
Fibres	2 g
Protéines	0 g
Lipides totaux	0 g
Lipides saturés	0 g
Cholestérol	0 mg
Sodium	6 mg

1. Mettez 2 demi-poires dans une assiette à dessert.
2. Versez le jus de poire dans une petite casserole. Ajoutez la fécule de maïs et mélangez bien à l'aide d'un fouet jusqu'à ce qu'il ne reste plus de grumeaux. Ajoutez le zeste et le jus de citron ainsi que le sucre, puis mélangez.
3. À feu moyen, remuez sans cesse jusqu'à ce que la sauce épaississe et pâlisse.
4. Versez 3 c. à soupe (45 ml) de Sauce au citron chaude sur les poires et servir immédiatement.

	Gros repas	Petit repas
Glucides	5 ½	4
Viandes et substituts	6	5
Extras	-	1

Menu du souper	Gros repas (730 calories)	Petit repas (550 calories)
Bifteck à la suisse	Bifteck de 4 oz (125 g) + sauce (⅙ de recette)	Bifteck de 3 oz (90 g) + sauce (⅛ de recette)
Pommes de terre bouillies	7 miniatures	5 miniatures
Petits pois et carottes	¾ tasse (175 ml)	¾ tasse (175 ml)
Poivron rouge, grillé ou frais	6 lanières	3 lanières
Lait écrémé	1 tasse (250 ml)	½ tasse (125 ml)
Poires au citron	3 petites demi-poires + 3 c. à soupe (45 ml) de sauce	3 petites demi-poires + 3 c. à soupe (45 ml) de sauce

PETIT REPAS

Poulet à la thaïe

Le poulet à la thaïe peut être préparé la veille et réchauffé le lendemain. Servez-le avec du riz, des nouilles de riz, des cheveux d'ange ou du vermicelle.

Cuisine thaïe

Saviez-vous que la Thaïlande était le plus grand exportateur de riz au monde et qu'on y cultivait plus de 5000 variétés de cette céréale? La cuisine thaïe est habituellement épicée avec de l'ail, des piments chili, du citron vert et de la sauce de poisson. Cette recette contient aussi de la sauce aux huîtres et de la coriandre afin de lui donner des saveurs encore plus prononcées de la cuisine thaïe.

Une bonne salade

Cette salade colorée est une excellente source de lipides qui favorisent la santé, d'acide folique et de vitamine C. Si la saison des fraises est terminée, préparez-la avec d'autres fruits, tels que des tranches d'orange, de kiwi, de mangue ou de pomme. Mais les fraises donnent une touche très particulière à cette salade.

Poulet à la thaïe

Donne 3 ½ tasses (875 ml)
(3 ½ grosses portions ou 4 ½ petites portions)

Une portion de 1 tasse (250 ml)	
Calories	311
Glucides	20 g
Fibres	2 g
Protéines	32 g
Lipides totaux	11 g
Lipides saturés	3 g
Cholestérol	88 mg
Sodium	620 mg

6 cuisses de poulet (ou 4 petites poitrines), désossées, débarrassées de leur peau (retirer tout le gras visible) et coupées en lanières

1 petit oignon, haché

2 c. à soupe (30 ml) d'eau

¾ tasse (175 ml) de salsa douce ou piquante

2 c. à soupe (30 ml) de coriandre fraîche, hachée

3 c. à soupe (45 ml) de beurre d'arachide allégé en gras

1 c. à soupe (15 ml) de sauce aux huîtres

1 tasse (250 ml) de lait concentré écrémé en conserve

1 c. à thé (5 ml) de fécule de maïs

Coriandre fraîche et quartiers de lime, pour garnir

1. Mettez les lanières de poulet, les oignons et l'eau dans une grande poêle à frire anti-adhésive. Faites cuire à feu moyen-doux jusqu'à ce qu'il ne reste plus aucune trace rosée dans le poulet.
2. Dans un bol, mélangez la salsa, la coriandre, le beurre d'arachide et la sauce aux huîtres.
3. Dans un autre bol, incorporez la fécule de maïs dans le lait concentré et fouettez jusqu'à dissolution complète.
4. Ajoutez la salsa au poulet, puis versez le lait. Remuez jusqu'à ce que la sauce bouille et épaississe.

Salade d'épinards aux graines de pavot

Donne 2 portions

Une portion	
Calories	51
Glucides	7 g
Fibres	3 g
Protéines	3 g
Lipides totaux	2 g
Lipides saturés	0 g
Cholestérol	0 mg
Sodium	41 mg

⅓ de sac de 10 oz (300 g) d'épinards lavés

1 tomate moyenne, en petits quartiers

¼ de petit oignon rouge, en rondelles (facultatif)

½ tasse (125 ml) de fraises fraîches, en tranches

1 c. à soupe (15 ml) d'amandes en tranches, légèrement grillées

Une pincée de graines de pavot, pour garnir (facultatif)

Sauce pour salade allégée et crémeuse aux graines de pavot (2 c. à soupe/30 ml pour un gros repas et 1 c. à soupe/15 ml pour un petit repas)

1. Lavez les épinards et répartissez-les dans deux bols à salade.
2. Mettez les autres ingrédients sur les épinards.

240

Crème aux fruits d'hiver

Donne 3 portions

Une portion	
Calories	77
Glucides	19 g
Fibres	1 g
Protéines	1 g
Lipides totaux	0 g
Lipides saturés	0 g
Cholestérol	0 mg
Sodium	45 mg

1 boîte de 14 oz (398 ml) de fruits en conserve, égouttés

1 c. à soupe (15 ml) de cassonade

⅛ c. à thé (0,5 ml) de cannelle moulue

⅓ tasse (75 ml) de crème sure sans gras

1. Mettez les morceaux de fruits dans une petite casserole ou, si vous avez trois petits ramequins, répartissez-les dans ceux-ci.
2. Mélangez la cassonade et la cannelle dans un petit bol. Saupoudrez environ la moitié du sucre à la cannelle sur les fruits.
3. Nappez les fruits avec la crème sure, puis saupoudrez le sucre à la cannelle restant.
4. Passez sous le gril de 4 à 6 minutes, jusqu'à ce que la crème bouillonne sur les côtés et que le dessus soit caramélisé.

Crème aux fruits d'été

Donne 3 portions

Une portion	
Calories	75
Glucides	18 g
Fibres	2 g
Protéines	1 g
Lipides totaux	0 g
Lipides saturés	0 g
Cholestérol	0 mg
Sodium	42 mg

1 ½ à 2 tasses (375 à 500 ml) de fruits frais hachés ou en tranches

1 c. à soupe (15 ml) de cassonade

⅛ c. à thé (0,5 ml) de cannelle moulue

⅓ tasse (75 ml) de crème sure sans gras

1. Répartissez les fruits dans trois bols à dessert.
2. Mélangez la cassonade, la cannelle et la crème sure dans un bol et versez à parts égales sur chaque portion de fruits.

Des desserts santé

Les desserts ne servent pas uniquement à terminer les repas sur une note sucrée. Ils peuvent aussi contribuer à notre alimentation quotidienne. Voici deux desserts aux fruits nourrissants. La crème aux fruits d'hiver est faites avec des fruits en conserve (tels que abricots, pêches ou poires) et passée sous le gril. La crème aux fruits d'été est composée de fruits frais (tels que tranches de fraise ou de kiwi, bleuets, morceaux d'orange, tranches de melon, pépins de grenade ou fines tranches de pomme) et servie froide. Ces deux desserts sont exquis.

	Gros repas	Petit repas
Glucides	6	4 ½
Viandes et substituts	3	2 ½
Matières grasses	2 ½	1 ½

Menu du souper	Gros repas (730 calories)	Petit repas (550 calories)
Poulet à la thaïe	1 tasse (250 ml)	¾ tasse (175 ml)
Nouilles ou riz, cuits	1 tasse (250 ml)	⅔ tasse (150 ml)
Salade d'épinards aux graines de pavot	1 portion	1 portion
Sauce pour salade allégée et crémeuse aux graines de pavot	2 c. à soupe (30 ml)	1 c. à soupe (15 ml)
Crème aux fruits d'hiver ou Crème aux fruits d'été	1 portion	1 portion

PETIT REPAS

SOUPER 34

Poisson poché à l'aneth

Comment pocher le poisson

Pocher un poisson signifie le cuire dans l'eau. Et, bonne nouvelle, vous évitez ainsi d'avoir une odeur de poisson dans toute la maison. Vous pouvez ajouter des grains de poivre, des feuilles de laurier, des clous de girofle entiers, de l'ail et du jus de citron ou du vin blanc à l'eau de cuisson. Plusieurs personnes le font puisque cela ajoute du goût au poisson tout en embaumant votre demeure de bons arômes épicés.

1. Mettez le poisson dans une casserole ou un plat de cuisson, peau en dessous. Portez à ébullition à feu moyen. Salez l'eau si désiré.
2. Mettez le couvercle. Les filets frais requièrent environ 5 minutes de cuisson tandis que les filets surgelés prennent environ 10 minutes.
3. À l'aide d'une écumoire, sortez le poisson de l'eau et mettez-le dans une grande assiette. Couvrez-le de garniture à l'aneth. La sauce tartare peut remplacer celle-ci. Servez le poisson avec des quartiers de citron.

Garniture à l'aneth

Donne ¼ tasse (50 ml)

1 c. à soupe (15 ml)	
Calories	14
Glucides	3 g
Fibres	0 g
Protéines	0 g
Lipides totaux	0 g
Lipides saturés	0 g
Cholestérol	1 mg
Sodium	127 mg

¼ tasse (60 ml) de mayonnaise sans gras

1 c. à thé (5 ml) d'aneth séché ou 1 c. à soupe (15 ml) d'aneth frais, haché finement

1. Mélangez les ingrédients.

Garniture au fromage et aux fines herbes

Donne environ ½ tasse (125 ml) de garniture bien tassée; quantité suffisante pour 1 lb (500 g) de poisson frais ou surgelé

1 c. à soupe (15 ml)	
Calories	32
Glucides	1 g
Fibres	0 g
Protéines	1 g
Lipides totaux	2 g
Lipides saturés	1 g
Cholestérol	5 mg
Sodium	60 mg

1 lb (500 gr) de poisson frais ou surgelé

⅓ tasse (75 ml) de fromages mélangés râpés

2 c. à soupe (30 ml) de chapelure sèche

1 c. à thé (5 ml) de basilic séché

1 c. à thé (5 ml) d'aneth séché ou 1 c. à soupe (15 ml) d'aneth frais haché finement

3 c. à soupe (45 ml) de mayonnaise allégée

1. Mettez le poisson (faites-le d'abord décongeler s'il n'est pas frais) dans une casserole ou un plat de cuisson plat.
2. Mélangez les autres ingrédients dans un bol. Étalez le mélange sur le poisson cru.
3. Faites cuire au four à 400 °F (200 °C) environ 20 minutes ou environ 10 minutes au micro-ondes.

Ce mélange d'orge et de noix a un goût délicieux. On peut le préparer la veille, le laisser refroidir, le couvrir, le réfrigérer et le réchauffer au micro-ondes.

Mélange d'orge et de noix

Donne 2 ½ tasses (625 ml)

1 tasse (250 ml)	
Calories	275
Glucides	48 g
Fibres	5 g
Protéines	6 g
Lipides totaux	8 g
Lipides saturés	1 g
Cholestérol	0 mg
Sodium	218 mg

½ tasse (125 ml) d'orge mondée

1 c. à soupe (15 ml) de riz sauvage

1 paquet de 4,5 g de poudre pour bouillon de bœuf ou de poulet à faible teneur en sel

1 ½ tasse (375 ml) d'eau

¼ tasse (60 ml) d'amandes, hachées

¼ tasse (60 ml) de raisins de Corinthe

1. Dans une petite casserole, mélangez l'orge, le riz, la poudre pour bouillon et l'eau. Portez à ébullition à feu moyen-vif. Dès que l'ébullition commence, réduisez la chaleur à feu doux, couvrez et laissez mijoter pendant 1 heure, jusqu'à ce que le liquide soit absorbé. Les céréales seront encore légèrement humides.
2. Une fois la cuisson terminée, incorporez les noix et les raisins de Corinthe. Retirez du feu et servez.

Légumes

Servez ce repas avec des haricots verts ou d'autres légumes à faible teneur en sucre ainsi que des betteraves marinées. Même si elles contiennent du vinaigre, des épices et un peu de sucre ajouté, les betteraves marinées conviennent à ce plan alimentaire.

Des biscuits et du lait pour dessert

Prenez un bon verre de lait écrémé ou 1 % avec deux ou trois biscuits. Lisez bien les étiquettes et optez pour ceux qui contiennent moins de 100 calories pour 3 biscuits. Ils seront probablement plus minces ou plus petits que les biscuits énormes que l'on trouve dans le commerce.

> **Les bienfaits de l'orge**
> *L'orge est riche en fibres solubles, ce qui contribue à éliminer le mauvais cholestérol de votre sang. Les fibres solubles aident à gérer le diabète en ralentissant l'absorption des glucides dans le sang.*
>
> *L'orge mondée contient plus de fibres que l'orge perlée et l'orge à cuisson rapide, mais il faut compter une heure de cuisson pour qu'elle devienne tendre.*

	Gros repas	Petit repas
Glucides	5	4
Viandes et substituts	3	2
Matières grasses	3 ½	2

Menu du souper	Gros repas (730 calories)	Petit repas (550 calories)
Poisson poché (sur la photo : saumon)	3 ½ oz (105 g) de poisson gras ou 6 oz (175 g) de poisson maigre	2 ½ oz (75 g) de poisson gras ou 4 oz (125 g) de poisson maigre
Garniture à l'aneth	2 c. à soupe (30 ml)	2 c. à soupe (30 ml)
Mélange d'orge et de noix	¾ tasse (175 ml)	½ tasse (125 ml)
Haricots verts	1 tasse (250 ml)	1 tasse (250 ml)
Betteraves marinées	½ tasse (125 ml)	½ tasse (125 ml)
Margarine	1 c. à thé (5 ml)	—
Lait écrémé	1 tasse (250 ml)	1 tasse (250 ml)
Biscuits minces	2	2

PETIT REPAS

SOUPER 35 *Sous-marin*

Les sous-marins peuvent constituer un souper santé vite fait. Ce qu'il faut éviter, ce sont les portions trop grosses, les sauces en extra, les gros contenants de boissons gazeuses, de jus ou de lait sucrés, les croustilles ainsi que les gros biscuits et brownies.

Sucre contenu dans diverses boissons

Lorsque vous mangez à l'extérieur de la maison, votre choix de boisson peut ajouter beaucoup de calories (provenant du sucre et des matières grasses) à votre repas. Je vous suggère de prendre de l'eau ou une boisson gazeuse «diète» avec ce repas. Le tableau suivant indique la quantité de sucre contenue dans diverses boissons.

Cuillerées à thé de sucre dans une boisson de 16 oz (2 tasses/500 ml)

Sans sucre	• Eau du robinet, eau naturelle en bouteille, eau minérale ou club soda • Boissons gazeuses «diète», Kool-Aid, Tang ou Crystal Light sans sucre • Thé, tisane, café percolateur ou soluble, sans sucre ajouté
3 à 6 c. à thé **(15 à 30 ml)**	• Café soluble sucré (aromatisé) (3); caffee latte (4) • Jus de tomate ou V8 (5) • Lait nature (5)
7 à 10 c. à thé **(30 à 50 ml)**	• Mountain Dew (7), Sprite (8), soda au gingembre (10) ou soda tonique (10) • Kool-Aid contenant du sucre (8) • Powerade (boisson pour sportifs) (9) • Instant Breakfast, avec du lait, sans sucre ajouté (10) • Thé glacé en poudre contenant du sucre (10) • Jus de pamplemousse non sucré (10)
11 à 15 c. à thé **(55 à 75 ml)**	• Jus d'orange non sucré (11 à 13) ou jus de pomme non sucré (14) • Tang (11), colas (12), soda mousse (15) ou boissons aux fruits (15) • Lait au chocolat (12) • Slushes ou Slurpees (13) • Boisson de riz sucrée (12) ou lait de soya sucré (4 à 13) • Cafés glacés de spécialité (13)
16 à 20 c. à thé **(80 à 100 ml)**	• Jus d'ananas non sucré (16) ou jus de raisins non sucré (18) • Cocktail au jus de canneberges (17) • Lait de poule sans alcool (16) • Laits fouettés (16) ou yogourts fouettés aux fruits (18+) du commerce • Instant Breakfast, régulier, contenant du sucre (16) • Boost (19)
21 à 34 c. à thé **(105 à 170 ml)**	• Café de malt Frappuccino (21) • Jus de pruneau non sucré (21) • Triple Thick Shake (22) ou Fruit Smoothie Supreme (26) • Boisson énergisante Gatorade (24)

Guides de la valeur nutritive

Visitez le site Web de l'établissement de restauration rapide où vous allez le plus souvent. Vous y trouverez les tableaux de la valeur nutritive de leurs plats. Vous pouvez aussi demander cette information au comptoir. Rappelez-vous qu'ils n'ont peut-être pas inscrit les extras, tels que la mayonnaise, que nous ajoutons à nos sous-marins. Aussi, les croustilles de pommes de terre et de maïs sont vendues en différents formats. Un sac de 1 ½ oz (45 g) de croustilles régulières contient environ 230 calories. Les croustilles au four renferment environ 1 c. à thé (5 ml) de moins de lipides par sac de 1 ½ oz (45 g).

Si vous voulez préparer en un clin d'œil un sous-marin contenant le même nombre de calories qu'un sous-marin de 15 cm (6 po) vendu au restaurant, voici la recette.

Pour réduire votre consommation de sodium et de lipides, ne mangez que la moitié du sac de chips ou partagez-le avec un ami!

Les viandes froides contiennent beaucoup de sel. Par exemple, 1 oz (30 g) de jambon renferme environ 300 mg de sodium. La même quantité d'un reste de poulet rôti n'en contient que 25 mg. Utilisez donc un reste de viande rôtie lorsque vous le pouvez.

Sous-marin maison de 15 cm (6 po)

(fait avec 3 oz (90 g) de poulet rôti)

1 pain à sous-marin de blé entier de 6 po (15 cm)

3 oz (90 g) de viande au choix, en fines tranches

1 ½ oz (45 g) de fromage allégé au choix, en tranches

Une variété de légumes au choix

Poivre noir

1 c. à soupe (15 ml) de mayonnaise légère ou
2 c. à soupe (30 ml) de mayonnaise sans gras

1 c. à soupe (15 ml) de moutarde au miel sans gras

Un sandwich	
Calories	484
Glucides	40 g
Fibres	6 g
Protéines	44 g
Lipides totaux	16 g
Lipides saturés	8 g
Cholestérol	105 mg
Sodium	773 mg

1. Ouvrez le pain en deux et passez-le sous le gril si désiré.
2. Étendez uniformément la viande et le fromage sur la partie inférieure du pain.
3. Ajoutez les légumes, le poivre, la mayonnaise et la moutarde. Couvrez avec la partie supérieure du pain.

	Gros repas	Petit repas
Glucides	4 ½	3
Viandes et substituts	4 ½	4 ½
Matières grasses	4	2

Menu du souper	Gros repas (730 calories)	Petit repas (550 calories)
Sous-marin maison ou Sous-marin acheté	1 sandwich de 6 po (15 cm) ou jusqu'à 450 calories + 1 c. à soupe (15 ml) de mayonnaise légère + 1 c. à soupe (15 ml) de moutarde au miel	1 sandwich de 6 po (15 cm) ou jusqu'à 450 calories + 1 c. à soupe (15 ml) de mayonnaise légère + 1 c. à soupe (15 ml) de moutarde au miel
1 sac de croustilles ou de nachos, ou 1 gros biscuit	1 choix (200 à 210 calories)	—
Boisson gazeuse « diète »	1 portion moyenne	1 portion moyenne

249

PETIT REPAS

Bœuf parmesan

Mon fils a créé ce repas nutritif et vite fait que l'on peut faire cuire dans le grille-pain four, le four ordinaire ou une poêle à frire. Ce repas offre plusieurs variantes puisque vous pouvez utiliser les Croquettes de bœuf classiques (recette ci-après), des croquettes de bœuf surgelées, des escalopes de poulet panées, des escalopes de veau ou de porc, ou du bifteck minute attendri. Une fois la cuisson terminée, nappez simplement la viande ou la volaille de sauce pour pâtes et saupoudrez-la de fromage râpé.

Ce repas est servi avec de la purée de pommes de terre faible en gras (voir Souper 8), du brocoli, une salade mélangée et de la crème glacée pour dessert.

Les calories dans les sauces pour pâtes

Certaines sauces pour pâtes contiennent plus d'huile ou de sucre que d'autres. Lisez bien le tableau de la valeur nutritive et optez pour une sauce ayant de 30 à 60 calories par portion de ½ tasse (125 ml).

Bœuf parmesan

Pour chaque croquette :

Une croquette avec garniture	
Calories	278
Glucides	10 g
Fibres	0 g
Protéines	24 g
Lipides totaux	15 g
Lipides saturés	6 g
Cholestérol	95 mg
Sodium	507 mg

Croquette de viande ou escalope, au choix

3 c. à soupe (45 ml) de sauce pour pâtes

Un trait de sauce aux piments forts ou de flocons de piment fort (facultatif)

1 ½ c. à soupe (22 ml) de parmesan, de mozzarella ou de cheddar, râpé

1. Si vous utilisez une croquette surgelée du commerce ou une escalope, faites-la cuire dans une poêle à frire, au four ou sur le barbecue en suivant les indications inscrites sur l'emballage. Si vous faites vous-même vos croquettes, faites-les cuire en respectant les indications ci-après.
2. Faites chauffer la sauce pour pâtes au micro-ondes ou sur la cuisinière à feu moyen jusqu'à ce qu'elle soit chaude et bouillonnante. Ajoutez la sauce aux piments ou les flocons de piment.
3. Mettez la croquette ou l'escalope dans votre assiette et nappez-la de sauce, puis saupoudrez-la de fromage.

Croquettes de bœuf classiques

Donne 10 grosses croquettes

Une croquette	
Calories	182
Glucides	4 g
Fibres	0 g
Protéines	18 g
Lipides totaux	10 g
Lipides saturés	4 g
Cholestérol	85 mg
Sodium	94 mg

12 biscuits soda, émiettés

2 lb (1 kg) de bœuf haché maigre

2 œufs

1 petit oignon, haché finement

2 c. à thé (10 ml) de sauce Worcestershire

Sel aux épices Hy's (facultatif)

¼ c. à thé (1 ml) de poivre

Sel aux épices

Si vous ajoutez ½ c. à thé (2 ml) de sel aux épices Hy's à la recette, vous obtenez 85 mg de sodium de plus par croquette.

1. Avec vos mains, mélangez tous les ingrédients dans un grand bol.
2. Façonnez 10 croquettes que vous mettrez au fur et à mesure dans une assiette ou sur un plateau.
3. Faites frire les croquettes dans une poêle, à feu moyen, sous le gril ou sur le barbecue, jusqu'à ce qu'il ne reste plus aucune trace rosée à l'intérieur.

Différentes sortes de crème glacée

Limitez ou évitez la crème glacée riche.

Les crèmes glacées «décadentes» méritent bien leur réputation. Jusqu'au tiers des calories qu'elles contiennent proviennent de graisses saturées mauvaises pour la santé et une portion de ½ tasse (125 ml) peut contenir jusqu'à 4 c. à thé (20 ml) de sucre. Avec leurs 200 à 300 calories par ½ tasse (125 ml), elles contiennent deux fois plus de calories qu'une crème glacée régulière.

Les autres desserts glacées

Les crèmes glacées faibles en gras ou en sucre (de 100 à 120 calories par ½ tasse/125 ml) contiennent un peu moins de calories que la crème glacée régulière qui en contient de 125 à 150 pour la même quantité. Le yogourt glacé qui n'a pas plus de 3 g de lipides par ½ tasse (125 ml) renferme environ 100 à 110 calories pour la même quantité.

La grosseur du bol influence la quantité que vous mangez

Lorsque vous mangez dans un petit bol, vous mangez moins que si vous preniez un bol plus grand. Regardez bien ces trois bols qui contiennent tous une portion de ½ tasse (125 ml). En mettant la crème glacée dans un petit bol, celui-ci semble bien rempli. Vous aurez envie de remplir le bol le plus grand avec trois ou quatre boules de crème glacée, ce qui vous en ferait manger une trop grande quantité.

	Gros repas	Petit repas
Glucides	5	3 ½
Viandes et substituts	4 ½	3
Matières grasses	2	1 ½

Menu du souper	Gros repas (730 calories)	Petit repas (550 calories)
Bœuf parmesan	1 ½ croquette avec sauce et fromage	1 ½ croquette avec sauce et fromage
Purée de pommes de terre faible en gras	1 tasse (250 ml)	½ tasse (125 ml)
Brocoli	1 à 2 tasses (250 à 500 ml)	1 à 2 tasses (250 à 500 ml)
Salade mélangée	moyenne	moyenne
Vinaigrette à l'italienne sans gras	1 c. à soupe (15 ml)	1 c. à soupe (15 ml)
Yogourt congelé ou crème glacée (léger ou régulier)	½ tasse (125 ml)	½ tasse (125 ml)

253

PETIT REPAS

Salade Santa Fe

Cette salade remplie de saveurs et de couleurs d'inspiration mexico-américaine contient du maïs, des haricots noirs et du poulet. Servez-la avec des croustilles tortillas et du pain aux bananes.

Salade Santa Fe	**Une portion**	
Donne 4 portions	Calories	348
	Glucides	43 g
1 boîte de maïs de 12 oz (341 ml)	Fibres	9 g
1 boîte de haricots noirs de 19 oz (540 ml), rincés à l'eau froide et bien égouttés	Protéines	29 g
	Lipides totaux	8 g
1 c. à soupe (15 ml) de coriandre ou de persil frais, haché finement	Lipides saturés	4 g
	Cholestérol	60 mg
2 à 3 oignons verts, hachés	Sodium	860 mg

Salade Santa Fe
Donne 4 portions
1 boîte de maïs de 12 oz (341 ml)
1 boîte de haricots noirs de 19 oz (540 ml), rincés à l'eau froide et bien égouttés
1 c. à soupe (15 ml) de coriandre ou de persil frais, haché finement
2 à 3 oignons verts, hachés
1 poivron rouge, coupé en fines tranches de 1 po (2,5 cm)
½ tête de laitue, déchiquetée en morceaux de la grosseur d'une bouchée
½ tasse (125 ml) de fromage râpé ou en filaments
3 c. à soupe (45 ml) de sauce pour salade au chou légère
10 oz (300 g) de poitrines ou de cuisses de poulet, désossées et sans peau, coupées finement en morceaux
2 c. à soupe (30 ml) de sauce barbecue au hickory

1. Dans un grand bol, mélangez doucement le maïs, les haricots noirs, la coriandre, les oignons verts, les poivrons, la laitue et le fromage. Incorporez la sauce pour salade. Répartissez la salade dans quatre grandes assiettes ou bols à salade.
2. À feu moyen, faites cuire les morceaux de poulet dans une poêle anti-adhésive avec environ 2 c. à soupe (30 ml) d'eau. Lorsqu'il ne reste plus aucune trace rosée à l'intérieur, ajoutez la sauce barbecue. Baissez le feu et laissez mijoter de 2 à 3 minutes.
3. Servez le poulet à parts égales sur chaque portion de salade.

Le Pain aux bananes accompagne vraiment bien la Salade Santa Fe. Il joue à la fois le rôle de dessert sucré et de féculent. Vous pouvez le remplacer par le gâteau irlandais aux raisins de Corinthe (Déjeuner 15) ou le muffin au son (Déjeuner 7). Le gros repas vous donne droit à 2 muffins tandis que le petit repas n'en permet qu'un seul.

Une tranche de pain aux bananes peut servir de grosse collation
(200 calories); consultez le chapitre consacré aux collations aux pages 276
à 285. Le pain aux bananes peut aussi remplacer agréablement 1 tasse
(250 ml) de pouding au riz (Souper 5).

Pour un repas contenant moins de glucides, ajoutez quelques morceaux de poulet à votre salade Santa Fe et ne prenez pas de pain aux bananes.

Pain aux bananes

Donne 12 tranches

2 ¼ tasses (550 ml) de farine

1 c. à soupe (15 ml) de levure chimique (poudre à pâte)

½ c. à thé (2 ml) de sel

½ c. à thé (2 ml) de muscade moulue

2 c. à soupe (30 ml) de margarine ou de beurre

½ tasse (125 ml) de sucre

1 gros œuf

¼ tasse (60 ml) de lait écrémé

3 petites bananes

½ tasse (125 ml) de raisins secs

¼ tasse (60 ml) de noix ou de pacanes hachées

Une tranche	
Calories	204
Glucides	39 g
Fibres	2 g
Protéines	4 g
Lipides totaux	4 g
Lipides saturés	1 g
Cholestérol	16 mg
Sodium	197 mg

1. Dans un bol moyen, mélangez la farine, la levure chimique, le sel et la muscade.
2. Dans un grand bol, réduisez la margarine et le sucre en pommade à l'aide d'une cuillère en bois. Incorporez l'œuf et le lait et remuez jusqu'à consistance lisse.
3. Dans un petit bol, réduisez les bananes en purée à l'aide d'une fourchette.
4. Mettez les bananes et la farine dans le plus grand bol et mélangez bien. Ajoutez les noix et les raisins.
5. Versez dans un moule à pain de 2 litres (9 x 5 po) légèrement graissé et faites cuire au four à 350 °F (175 °F) pendant 1 heure, jusqu'à ce qu'un couteau inséré au centre du pain ressorte propre. Laissez refroidir dans le moule avant de démouler et de découper en 12 tranches.

	Gros repas	Petit repas
Glucides	5 ½	5
Viandes et substituts	3 ½	3 ½
Matières grasses	2 ½	1

Menu du souper	Gros repas (730 calories)	Petit repas (550 calories)
Salade Santa Fe	1 portion	1 portion
Croustilles tortillas	8 croustilles	5 croustilles
Pain aux bananes	1 tranche	1 tranche
Margarine ou beurre	1 ½ c. à thé (7 ml)	–

257

PETIT REPAS

SOUPER 38

Casserole de côtelettes de porc

On ne peut rater ce mets délicieux et sans complications qui requiert une heure de cuisson au four. Après 40 minutes de cuisson, commencez la cuisson du riz. Pendant ce temps, préparez la tomate grillée que vous pourrez mettre directement dans la casserole contenant les côtelettes au cours des 15 dernières minutes de cuisson. Synchronisez bien les différentes étapes afin que le riz, la viande et les tomates soient prêts en même temps.

Ajoutez votre soupe préférée

Cette casserole est préparée avec votre soupe-crème préférée, qu'il s'agisse de crème de champignons, de crème de céleri, de crème de brocoli ou de crème de poulet. Choisissez une soupe-crème faible en gras afin de réduire la quantité de lipides totaux dans votre repas.

Casserole de côtelettes de porc

Donne 3 gros repas ou 5 petits

Une côtelette avec sauce	
Calories	192
Glucides	6 g
Fibres	1 g
Protéines	21 g
Lipides totaux	8 g
Lipides saturés	3 g
Cholestérol	62 mg
Sodium	439 mg

5 minces côtelettes de longe de porc, non désossées (poids total crues : environ 1 ¾ lb/875 g)

1 petit oignon, en fines rondelles

3 branches de céleri, en tranches

1 boîte de soupe crémeuse faible en gras de 10 oz (284 ml)

1. Retirez le gras visible des côtelettes de porc. Mettez-les dans une casserole allant au four et étaler les oignons et le céleri sur le dessus. Étendez ensuite la soupe crémeuse sur le dessus.
2. Couvrez et faites cuire au four à 350 °F (175 °F) pendant 1 h, ou plus au besoin, jusqu'à ce que la viande soit tendre sous la fourchette.

Tomate grillée

Donne 2 portions

Une portion	
Calories	51
Glucides	4 g
Fibres	1 g
Protéines	2 g
Lipides totaux	3 g
Lipides saturés	2 g
Cholestérol	7 mg
Sodium	72 mg

1 tomate moyenne, lavée

1 c. à thé (5 ml) de chapelure sèche

1 c. à thé (5 ml) de graines de lin moulues

2 c. à thé (10 ml) de parmesan râpé du commerce

½ c. à thé (2 ml) d'origan séché

1 c. à thé (5 ml) de beurre ou de margarine

1. Coupez la tomate en deux et mettez-la dans une casserole ou un petit plat de cuisson, face coupée vers le haut.
2. Dans un petit bol, mélangez la chapelure, les graines de lin, le parmesan, l'origan et le beurre. Versez sur les tomates et, à l'aide d'une cuillère, pressez doucement sur le dessus.
3. Faites cuire au four à 350 °F (175 °C) pendant 15 minutes. Passez ensuite les tomates sous le gril jusqu'à ce que le dessus soit doré. Cette étape ne nécessitera qu'une minute ou moins – surveillez-les bien afin qu'elles ne brûlent pas.

Pois «sugar snap»

Ce repas est servi avec des pois «sugar snap» crus en accompagnement. Ces pois croquants sont délicieux servis crus ou légèrement cuits à la vapeur. Ils contiennent peu de calories: 14 calories pour 10 pois. On peut en ajouter à n'importe quel plat sauté ou encore les couper en morceaux que l'on ajoutera à une salade ou à un mets en casserole. Ils font aussi une excellente collation au milieu de l'après-midi ou pendant la soirée. Si vous ne pouvez vous en procurer, remplacez-les par un autre légume faible en calories (voir page 149).

Les mandarines et le fromage cottage composent un dessert à la fois simple et délicieux.

Mandarines et fromage cottage

Donne 4 portions

1 tasse (250 ml) de mandarines en conserve en sirop léger, égouttées

¾ tasse (175 ml) de fromage cottage 1 %

Une pincée de muscade moulue

Une portion	
Calories	59
Glucides	9 g
Fibres	0 g
Protéines	6 g
Lipides totaux	0 g
Lipides saturés	0 g
Cholestérol	2 mg
Sodium	180 mg

1. Réservez quelques morceaux de mandarine comme garniture. Mélangez doucement les mandarines restantes et le fromage cottage dans un bol.
2. Répartissez la préparation dans des plats à dessert et garnissez chaque portion avec les segments de mandarine réservés. Saupoudrez de muscade avant de servir.

Ce repas est servi avec du thé vert, riche en antioxydants. Savourez-le sans ajouter de lait et mettez un peu d'édulcorant si désiré.

Les bienfaits du thé
Le thé noir et le thé vert contiennent des antioxydants bons pour le cœur. Le thé vert semble procurer les plus grands bienfaits pour la santé si l'on en consomme tous les jours. Le thé décaféiné renferme beaucoup moins d'antioxydants puisqu'une grande partie de ceux-ci est éliminée au moment d'extraire la caféine. Si vous souhaitez limiter votre consommation de caféine ou éviter complètement d'en prendre, optez pour une tasse de thé noir décaféiné ou l'une des nombreuses tisanes délicieuses que l'on trouve maintenant dans le commerce.

	Gros repas	Petit repas
Glucides	5 ½	4
Viandes et substituts	5	4
Matières grasses	½	-

Menu du souper	Gros repas (730 calories)	Petit repas (550 calories)
Côtelettes de porc avec sauce	1 ½ côtelette	1 côtelette
Riz	1 ⅓ tasse (325 ml)	1 tasse (250 ml)
Tomate grillée	1 demi-tomate	1 demi-tomate
Pois «sugar snap»	15	15
Mandarines et fromage cottage	1 portion	1 portion
Thé vert	1 tasse (250 ml)	1 tasse (250 ml)

PETIT REPAS

Linguines aux crevettes

Les linguines sont des nouilles plates qui proviennent du sud de l'Italie où on les sert habituellement avec des myes et une sauce aux fruits de mer. J'ai choisi d'utiliser des crevettes pour la sauce puisqu'elles sont délicieuses et que les crevettes précuites et surgelées nous permettent de gagner du temps. La sauce à linguines aux crevettes requiert environ 30 minutes de préparation et de cuisson. Les linguines aux crevettes sont servis avec une salade César et un rafraîchissant soda mousse glacé à l'italienne.

Cuisson des pâtes

Faites toujours cuire vos pâtes en suivant les indications inscrites sur l'emballage et faites en sorte qu'elles soient prêtes en même temps que la sauce. Rappelez-vous qu'il n'est pas nécessaire de mettre du sel dans leur eau de cuisson.

Sauce aux crevettes

Donne 4 tasses (1 litre)

2 c. à thé (10 ml) d'huile d'olive ou d'huile végétale

⅓ tasse (75 ml) d'eau

1 petit oignon, haché

3 grosses gousses d'ail, émincées

1 tasse (250 ml) de champignons frais, en tranches
(ou 1 boîte de champignons de 10 oz/284 ml, égouttés)

2 c. à soupe (30 ml) de farine

1 paquet de 4,5 g de poudre pour bouillon de poulet réduit en sodium

⅛ c. à thé (0,5 ml) de poivre moulu

1 c. à thé (5 ml) d'aneth séché

1 ¾ tasse (425 ml) de lait écrémé

½ poivron rouge ou vert, coupé en lanières épaisses de 1 po (2,5 cm)
ou ½ tasse (125 ml) de légumes de votre choix

10 oz (300 g) de crevettes surgelées cuites, décongelées, décortiquées
et déveinées

¾ tasse (175 ml) de mélange de quatre fromages italiens ou de fromage au choix

Une portion de 1 tasse (250 ml)	
Calories	241
Glucides	14 g
Fibres	1 g
Protéines	27 g
Lipides totaux	9 g
Lipides saturés	4 g
Cholestérol	133 mg
Sodium	482 mg

1. Dans une grande poêle, mettez l'huile, l'eau, les oignons l'ail et les champignons. Faites cuire à feu moyen pour faire ramollir les légumes.
2. Dans un petit bol, mélangez la farine, la poudre pour bouillon, le poivre et l'aneth. Versez dans la poêle et remuez jusqu'à ce que la farine soit complètement amalgamée.
3. Versez le lait peu à peu et remuez sans cesse à l'aide d'un fouet environ 5 minutes, jusqu'à léger épaississement. Ne laissez pas bouillir. Ajoutez les légumes et les crevettes et faites cuire, en remuant souvent, environ 5 minutes ou jusqu'à ce que les légumes soient tendres.
4. Incorporez le fromage et mélangez jusqu'à ce qu'il soit fondu.
5. Servez la sauce sur les pâtes cuites.

La salade César est habituellement composée de laitue romaine bien verte. Les laitues vert foncé sont riches en acide folique, une vitamine essentielle aux femmes enceintes qui est aussi importante pour la santé de notre cœur.

Salade César

Donne 1 portion

2 tasses (500 ml) de laitue vert foncé, déchiquetée en morceaux de la grosseur d'une bouchée

2 c. à soupe (30 ml) de parmesan frais, en filaments ou 1 c. à soupe (15 ml) de parmesan vieilli, râpé

¼ tasse (60 ml) de croûtons

Un trait de jus de citron frais (facultatif)

Sauce pour salade César sans gras

Une portion	
Calories	88
Glucides	9 g
Fibres	2 g
Protéines	6 g
Lipides totaux	3 g
Lipides saturés	2 g
Cholestérol	7 mg
Sodium	231 mg

1. Mélangez la laitue, le fromage, les croûtons et le jus de citron dans un saladier.
2. Nappez avec la sauce pour salade (voir le menu ci-après pour connaître la quantité)

Vous économiserez si vous préparez vous-même tous les éléments de cette recette et vous gagnerez du temps si vous utilisez des croûtons déjà préparés et une sauce pour salade faible en gras. Je ne recommande pas les kits qui offrent à la fois la vinaigrette et les croûtons puisque ce genre de vinaigrette contient habituellement plusieurs calories. Toutefois, si l'étiquette indique qu'il s'agit bien d'une vinaigrette faible en gras, il s'agit d'un bon choix.

Cette boisson rafraîchissante et délicieuse est meilleure avec de la glace concassée; toutefois, on peut la servir sur des glaçons. On peut remplacer le soda mousse par de l'Orange Crush. Cette boisson compte comme un dessert léger pour ce repas à cause du sucre dans la boisson gazeuse régulière. Les boissons gazeuses «diète» ne sont pas recommandées pour cette recette parce qu'elles feraient cailler le lait.

Soda mousse glacé à l'italienne

Donne 1 portion de 12 oz (375 ml)

½ tasse (125 ml) de glace concassée

¾ tasse (175 ml) de soda mousse (6 oz)

¼ tasse (60 ml) de lait écrémé

Une portion	
Calories	116
Glucides	28 g
Fibres	0 g
Protéines	2 g
Lipides totaux	0 g
Lipides saturés	0 g
Cholestérol	1 mg
Sodium	57 mg

1. Mettez la glace dans des verres longs.
2. Versez lentement le soda mousse, puis ajoutez le lait. Remuez et savourez.

	Gros repas	Petit repas
Glucides	7	5 ½
Viandes et substituts	3 ½	3
Matières grasses	1	½

Menu du souper	Gros repas (730 calories)	Petit repas (550 calories)
Sauce à linguines aux crevettes	1 tasse (250 ml)	¾ tasse (175 ml)
Linguines cuites	1 ½ tasse (375 ml)	1 tasse (250 ml)
Salade César	1 portion	1 portion
Sauce pour salade César sans gras	1 c. à soupe (15 ml)	1 c. à soupe (15 ml)
Soda mousse glacé à l'italienne	12 oz (375 ml)	12 oz (375 ml)

PETIT REPAS

SOUPER 40

Poulet cordon bleu

Le Cordon Bleu est une école de cuisine française fort réputée. Cette recette est une adaptation de la recette de veau cordon bleu traditionnelle.

Ce souper inclut des patates douces, des légumes au sésame et une petite salade. Pour dessert, faites-vous plaisir avec l'exquise explosion au fromage à la crème et à la grenade (page 270).

Poulet cordon bleu

Donne 3 gros morceaux ou 4 petits

Un petit morceau	
Calories	278
Glucides	6 g
Fibres	0 g
Protéines	39 g
Lipides totaux	10 g
Lipides saturés	5 g
Cholestérol	150 mg
Sodium	398 mg

¼ tasse (60 ml) de fine chapelure sèche ou de farine

Sel et poivre

1 œuf

2 tranches de jambon (½ oz/15 g par poitrine de poulet)

3 tranches de mozzarella partiellement écrémée (¾ oz/23 g par poitrine de poulet)

3 grosses (ou 4 petites) poitrines de poulet désossées et débarrassées de leur peau (14 oz/420 g en tout)

1 c. à soupe (15 ml) de beurre ou de margarine

1. Mélangez la chapelure, le sel et le poivre dans un bol.
2. Dans un autre bol, battez l'œuf à l'aide d'une fourchette.
3. Coupez le jambon et le fromage en quatre portions et étalez-les dans une assiette.
4. Coupez chaque poitrine de poulet en deux sur la largeur, mais pas complètement.
5. Farcissez chaque poitrine avec une tranche de jambon et de fromage. Refermez bien les poitrines afin de couvrir le fromage et le jambon. Trempez les poitrines dans l'œuf en les enrobant complètement. Passez-les ensuite dans la chapelure, puis mettez-les dans une grande assiette.
6. Faites chauffer le beurre dans une poêle antiadhésive. Ajoutez le poulet et mettez le couvercle pour préserver la chaleur puisque les poitrines sont assez épaisses et qu'elles doivent cuire complètement. Faites cuire à feu moyen de 5 à 8 minutes, jusqu'à ce qu'un côté soit bien doré. Baissez le feu et faites cuire les poitrines de 4 à 6 minutes de l'autre côté, jusqu'à ce qu'il ne reste plus de trace rosée à l'intérieur.

Cuire du poulet en toute sécurité

Après avoir touché au poulet cru, lavez bien vos mains, la planche à découper et le comptoir avec de l'eau et du savon. Cela évitera la propagation des bactéries que l'on trouve dans le poulet cru. Comme précaution additionnelle, vaporisez ensuite la planche et le comptoir avec une solution désinfectante composée de 1 c. à thé (5 ml) d'eau de Javel diluée dans 3 tasses (750 ml) d'eau. Laissez reposer brièvement, rincez abondamment à l'eau claire et laissez sécher à l'air.

Vos invités seront impressionnés lorsque vous leur servirez ce repas pour célébrer un événement spécial. Toutefois, étant donné qu'il contient plus de protéines et moins de glucides que la plupart des autres soupers, votre glycémie pourrait augmenter moins que d'habitude. Assurez-vous de préparer ce repas uniquement pour les occasions spéciales.

Patates douces

Consultez le Souper 10 pour en connaître davantage sur les patates douces. Pour faire une purée, piquez la patate à l'aide d'une fourchette et faites-la cuire au micro-ondes environ 5 minutes ou épluchez-la, coupez-la en cubes de 2 po (5 cm) et faites-la bouillir environ 15 minutes, jusqu'à ce qu'elle soit tendre. Le temps de cuisson variera selon la grosseur de la patate douce. Réduisez-la en purée avec une petite quantité de lait si désiré.

Cette recette permet d'ajouter de la saveur et de la consistance aux légumes cuits à la vapeur. Préparez-la avec vos légumes préférés ; je l'ai essayée avec des panais et des courgettes vertes et jaunes. N'hésitez pas à utiliser des légumes surgelés au besoin.

Légumes au sésame

Donne 4 portions

1 c. à soupe (15 ml) de graines de sésame

2 à 3 tasses (500 à 750 ml) de légumes coupés en tranches ou en dés

1 c. à thé (5 ml) d'huile d'olive, de margarine ou de beurre

1 c. à thé (5 ml) de cassonade

Une portion	
Calories	56
Glucides	8 g
Fibres	2 g
Protéines	2 g
Lipides totaux	2 g
Lipides saturés	0 g
Cholestérol	0 mg
Sodium	4 mg

Vous pouvez remplacer les graines de sésame par la même quantité de graines de tournesol. Ajoutez alors un trait de jus de citron aux légumes. Délicieux!

1. Faites griller les graines de sésame de 2 à 3 minutes au micro-ondes en remuant de temps à autre. Ou mettez les graines de sésame dans une poêle à frire sèche et faites-les griller quelques minutes à feu moyen, en remuant sans cesse, jusqu'à ce qu'elles soient légèrement dorées.
2. Faites cuire les légumes à la vapeur ou faites-les bouillir jusqu'à ce qu'ils soient tendres mais encore croquants. Égouttez.
3. Ajoutez l'huile et la cassonade et remuez doucement. Saupoudrez uniformément de graines de sésame.

(suite du Souper 40 aux pages 270-271)

SOUPER 40
SUITE

Ce dessert offre une touche spéciale grâce à la saveur et à la texture croquante des pépins de grenade. Les membres de votre famille et vos invités ne pourront jamais deviner qu'il ne renferme que 100 calories par portion! Si vous ne pouvez vous procurer de grenade, préparez ce dessert avec une pomme ou d'autres fruits hachés finement.

Comment retirer les pépins de grenade sans tout éclabousser!

Portez d'abord un tablier et évitez de porter des vêtements blancs ou de grande qualité puisque le jus de grenade pourrait les tacher.

Coupez la partie supérieure du fruit. Tenez fermement la grenade et coupez-la en 4 ou 6 morceaux que vous mettrez dans un grand bol d'eau froide placé dans l'évier. Avec les doigts, libérez les pépins de l'écorce et de la peau blanche qui les recouvrent. Les pépins tomberont au fond tandis que les déchets remonteront à la surface. Jetez l'écorce et la peau blanche. Mettez les pépins dans une passoire et égouttez-les. Utilisez-les immédiatement ou épongez-les avec des serviettes en papier, puis conservez-les dans un contenant hermétique pendant une journée ou deux.

Explosion au fromage à la crème et à la grenade

Donne 4 portions

Une portion	
Calories	100
Glucides	9 g
Fibres	0 g
Protéines	4 g
Lipides totaux	6 g
Lipides saturés	4 g
Cholestérol	20 mg
Sodium	264 mg

1 sachet (4 portions) de gélatine légère aux framboises (ou autre fruit rouge)

¾ tasse (175 ml) d'eau bouillante

¾ tasse (175 ml) d'eau froide

Pépins d'une grosse grenade (voir encadré à gauche)

¼ c. à thé (1 ml) de cannelle moulue

½ paquet (4 oz/125 g) de fromage à la crème allégé, ramolli à la température de la pièce

1. Mettez la gélatine dans un bol métallique ou dans un verre et versez l'eau bouillante. Remuez pendant 1 minute environ, jusqu'à ce que la gélatine soit complètement dissoute. Ajoutez l'eau froide.
2. Répartissez le mélange dans quatre plats à dessert, à raison de ¼ tasse (50ml) par plat. Mettez au réfrigérateur environ 15 minutes, jusqu'à ce que la gélatine commence à prendre. Réservez la gélatine restante (environ ½ tasse/125 ml).
3. Sortez les plats à dessert du réfrigérateur puis répartissez les pépins de grenade en les laissant tomber au fond de la gélatine partiellement prise. Réservez 1 c. à soupe (15 ml) de pépins de grenade pour la décoration. Remettez les desserts au froid.
4. À l'aide d'une cuillère de bois, mélangez la cannelle avec le fromage jusqu'à consistance onctueuse. Ajoutez la gélatine restante. Battez à l'aide du batteur électrique pendant quelques minutes jusqu'à consistance lisse. (Il ne doit rester que quelques mouchetures de fromage ici et là.)

5. Sortez les bols du réfrigérateur et couvrez chacun avec une quantité égale de fromage. Remettez-les au froid et laissez reposer au moins 15 minutes pour que la gélatine soit bien prise. Parsemez quelques pépins de grenade sur le dessus.

6. Servez immédiatement ou couvrez les bols de pellicule plastique et remettez-les au frais jusqu'au moment de servir. Il est préférable de déguster ce dessert au cours des 3 ou 4 heures suivant sa préparation.

> *Les pépins de grenade regorgent de saveur extraordinaire et sont riches en vitamine C et en antioxydants qui contribuent à lutter contre le cancer et à maintenir votre peau en bonne santé. Ils sont merveilleux dans les desserts et les salades de fruits.*

	Gros repas	Petit repas
Glucides	4	3
Viandes et substituts	8	5 ½
Matières grasses	-	½

Menu du souper	Gros repas (730 calories)	Petit repas (550 calories)
Poulet cordon bleu	1 gros morceau	1 petit morceau
Purée de patates douces	⅔ tasse (150 ml)	⅓ tasse (75 ml)
Légumes au sésame	1 portion	1 portion
Salade mélangée	petite	petite
Vinaigrette à l'italienne sans gras	1 c. à soupe (15 ml)	1 c. à soupe (15 ml)
Explosion au fromage à la crème et à la grenade	1 portion	1 portion

271

PETIT REPAS

Collations

Collations

Dans cette section, vous trouverez les photos des quatre groupes de collations. Ces groupes sont: les collations faibles en calories, les petites collations, les collations moyennes et les grosses collations. Les collations d'un même groupe contiennent environ le même nombre de calories. Choisissez vos collations en fonction du nombre de calories que vous voulez prendre quotidiennement. Le tableau de la page 8 indique le nombre de calories contenues dans les petits repas et les gros repas ainsi que dans les diverses collations.

Il est préférable de se limiter à trois petites, moyennes ou grosses collations par jour.

Trois petites collations totalisent 150 calories; trois moyennes, 300 calories; et trois grosses, 600 calories.

Collations faibles en calories

- Ces collations contiennent seulement 20 calories ou moins. Elles sont composées d'aliments qui ne font pas grossir. Si vous en consommez quelques-uns par jour, votre poids ne devrait pas s'en ressentir. Vous pouvez les ajouter à vos repas ou à vos collations.

Petites collations

- Ces collations contiennent 50 calories.

Collations moyennes

- Ces collations contiennent 100 calories.
- Deux petites collations équivalent à une collation moyenne.

Grosses collations

- Ces collations contiennent 200 calories.
- Deux collations moyennes, ou quatre petites, équivalent à une grosse collation.

N'oubliez pas de boire de l'eau avec vos collations. Évitez de les prendre tard le soir.

Rappelez-vous:
- *1 collation moyenne = 2 petites collations;*
- *1 grosse collation = 2 collations moyennes ou 4 petites.*

Variez vos collations pour ne pas vous lasser des mêmes aliments. Si vous prenez une collation entre les repas, vous aurez moins faim à l'heure du repas. Tout comme les repas, la plupart des collations sont faibles en matières grasses et en sucre. Une collation composée d'un produit laitier constitue une source importante de calcium, tandis que les légumes et les fruits vous fourniront des fibres et des vitamines.

Et les bonbons, le chocolat, les croustilles et les autres aliments riches en matières grasses et en sucre ? Il est permis d'en consommer de temps à autre, mais en petite quantité. Évitez cependant d'en manger tous les jours, car ils contiennent beaucoup de calories et sont très peu nutritifs. Sur les photos des pages 280-285, ces aliments sont inclus dans les collations que l'on peut prendre à l'occasion. Les boissons alcoolisées font également partie de ce genre de collations. N'oubliez pas les mises en garde entourant la consommation d'alcool (voir page 25).

Les collations illustrées sur la photo d'un même groupe contiennent à peu près le même nombre de calories. Cependant, leur teneur en sucre, en amidon, en protéines ou en lipides varie.

La quantité de glucides contenue dans chaque collation est indiquée en rouge.

Sur les photos illustrant des petites, moyennes et grosses collations, vous trouverez:
- des collations riches en féculents, c'est-à-dire principalement composées d'amidon;
- des collations composées de fruits et de légumes qui contiennent des sucres naturels;
- des collations à base de produits laitiers qui contiennent des sucres naturels et des protéines; certaines peuvent aussi contenir des matières grasses;
- des collations mixtes, composées d'aliments appartenant à différents groupes alimentaires, par exemple un féculent et des protéines;
- des collations occasionnelles, riches en sucre ou en matières grasses, ou contenant de l'alcool.

Si vous êtes atteint de diabète et prenez de l'insuline ou des comprimés pour le diabète, lisez bien ceci: une collation en soirée renfermant des protéines et des lipides vous aidera à prévenir une hypoglycémie durant la nuit. Parlez-en à votre médecin ou à votre diététiste.

Collations faibles en calories

20 calories ou moins par collation
Les quantités de glucides totaux sont indiquées en rouge.

Boissons

1. Eau: l'eau est la collation faible en calories par excellence 0
2. Boissons gazeuses «diètes» et mélanges à boissons «diètes» en sachets 0
3. Tisane 1
4. Café ou thé 1 (ordinaire ou décaféiné); prenez votre café ou votre thé noir, ou ajoutez-y une petite quantité de lait faible en matières grasses, de lait écrémé en poudre ou de colorant à café léger. Supprimez le sucre et remplacez-le par un édulcorant hypocalorique
5. Bouillon 4; recherchez les produits faibles en sel

Ajouts aux repas ou aux collations

6. Édulcorants hypocaloriques 1
7. Assaisonnements (poudre de cacao, épices, herbes) 1
8. 1 c. à thé (5 ml) de moutarde 0, de relish 2 ou de ketchup 1
9. Sauce piquante 0
10. Vinaigre 1
11. 1 c. à soupe (15 ml) de salsa 1
12. 1 c. à thé (5 ml) de miel 7, de confitures, de gelée ou de sirop 5 (la confiture et le sirop «diètes» contiennent moins de sucre)
13. 1 c. à soupe (15 ml) de son ou de graines de lin (2 sortes présentées) ou 1-2 c. à thé (5 à 10 ml) de graines de lin moulues 2
14. 1 c. à soupe (15 ml) de garniture fouettée ou surgelée ou 1 c. à soupe (15 ml) de crème sure légère ou 2 c. à soupe (30 ml) de crème sure sans gras 1-2
15. 1 c. à soupe (15 ml) de vinaigrette sans huile 1-5

Low-Calorie
Sweetener

Autres collations

16. ¼ tasse (60 ml) de
     choucroute 3
17. 1 tasse (250 ml) de
     légumes verts à salade 1
18. 1 craquelin
     (biscuit soda) 2
19. ½ tasse (125 ml) de salade
     de légumes en gelée 2 (voir la recette
     à la page 157)
20. ½ tomate 3
21. ½ tasse (125 ml) de gélatine légère 2
22. 1 gomme à mâcher sans sucre 1 ou ordinaire 3
23. 1 bonbon à la menthe ou autre petit bonbon dur 4
24. Plusieurs mini-menthes 2-3
25. 1 sucette glacée sans sucre 5
26. 2 olives vertes 0
27. 3 radis 1
28. 1 cornichon à l'aneth ou
    14 rondelles de piment fort
    marinées 2
29. Citron et lime 4
30. 1 branche de céleri 1
31. Moitié d'un concombre 3

GUM

279

Petites collations

50 calories par collation

Les quantités de glucides totaux sont indiquées en rouge.

Légumes

Ayez toujours au réfrigérateur des légumes crus lavés et prêts à manger. Rangez-les toujours à portée de la main.

1. ³/4 tasse (175 ml) de salade de chou (page 86) 9
2. 1 branche de céleri et 1 c. à soupe (15 ml) de fromage à tartiner 2
3. 1 grosse salade mélangée de 1 c. à soupe (15 ml) de vinaigrette sans huile 5
4. 1 carotte moyenne 8
5. 1 tasse (250 ml) de tomates en conserve 10

Fruits

6. 1 tasse (250 ml) de fraises 12
7. 1 petite orange 14
8. ½ gros pamplemousse 12
9. ½ pomme moyenne 11
10. 1 prune moyenne 10
11. 1 kiwi moyen 12
12. 2 pruneaux ou figues 11
13. 2 c. à soupe (30 ml) de raisins secs 16
14. 1 morceau de banane de 2 po (5 cm) 13
15. ³/4 tasse (175 ml) de gélatine légère aux fruits (page 201) 13
16. ³/4 tasse (175 ml) de compote de rhubarbe (page 125) 10

Jus

17. 1 tasse (250 ml) de jus de tomate ou de légumes 10
18. ½ tasse (125 ml) de jus de fruits non sucré 13 (essayez de mélanger votre jus avec de l'eau gazéifiée ou du soda gingembre «diète»)

280

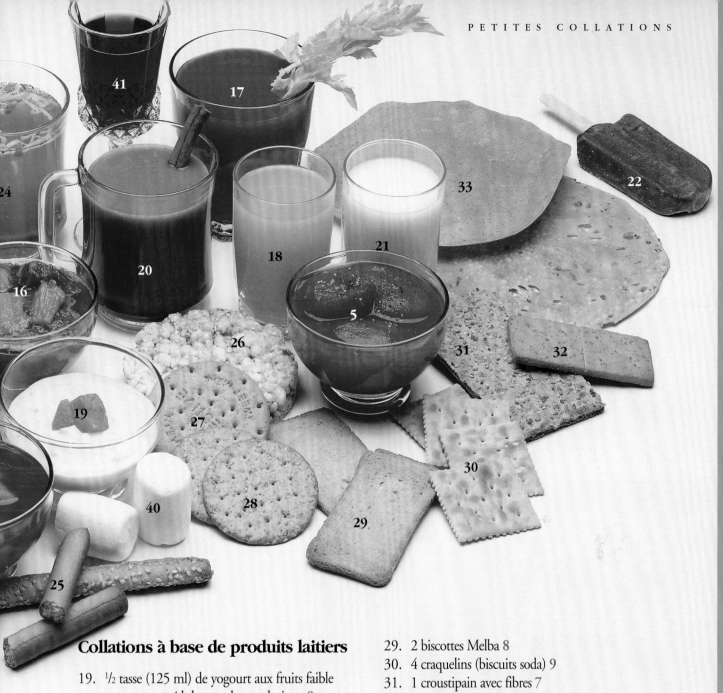

Collations à base de produits laitiers

19. ½ tasse (125 ml) de yogourt aux fruits faible en gras, avec édulcorant hypocalorique 8
20. 1 tasse (250 ml) de chocolat chaud léger 8
21. ½ tasse (125 ml) de lait (écrémé ou 1%) 6
22. 1 barre de fudge glacé léger, un Revello ou une barre de crème glacée faibles en calories (avec édulcorant hypocalorique) 12

Collations riches en amidon

23. 1 tasse (250 ml) de céréales de blé soufflé 10
24. 1 tasse (250 ml) de soupe en sachet 8
25. 2 bâtonnets de pain 8
26. 1 galette de riz 12
27. 1 biscuit digestif ou autre biscuit sec 8
28. 2 craquelins de grosseur moyenne 5
29. 2 biscottes Melba 8
30. 4 craquelins (biscuits soda) 9
31. 1 croustipain avec fibres 7
32. 2 moitiés de biscuit Graham 11
33. 2 pappadams 9

Collations occasionnelles

34. 1 biscuit aux brisures de chocolat 7
35. 1 biscuit aux figues 11
36. ¼ tasse (60 ml) ou 21 mini-craquelins en forme de poisson 7
37. 3 bonbons durs à la menthe 12
38. 5 Lifesavers 15
39. 1 petit chocolat 6
40. 2 guimauves 12
41. 3 oz (90 ml) de vin sec 3

Collations moyennes

**100 calories par collation
(deux petites collations équivalent
à une collation moyenne)**
Les quantités de glucides totaux sont
indiquées en rouge.

Légumes

1. 2 à 3 tasses (500 à 750 ml) de
   légumes crus avec 2 c. à soupe
   (30 ml) de trempette aux légumes
   (page 189) 20

Fruits

2. ½ cantaloup moyen 22
3. 1 tasse (250 ml) de compote
   de pommes 28
4. 4 tranches d'ananas et 2 c. à soupe
   (30 ml) de jus 24
5. 1 petite banane 27
6. 3 figues 29
7. 5 abricots secs 22
8. 1 poire 25
9. 1 tasse (250 ml) de salade de fruits
   frais 27
10. 4 tranches minces de
    melon d'eau 22
11. 1 ½ tasse (375 ml) de
    raisins frais 24

Collations riches en amidon

12. 1 tranche de pain aux
    raisins tartinée de 1 c. à
    thé (5 ml) de margarine 14
13. 3 biscuits à l'arrowroot
    ou autres biscuits secs 17
14. 6 bretzels 24
15. 1 gaufre ou 1 crumpet recouvert de
    1 c. à thé (5 ml) de confitures 21
16. 3 tasses (750 ml) de maïs soufflé (appareil à air chaud) 19
17. 1 petit pain de blé entier, avec concombres, laitue et
    tomates 19
18. ⅓ d'un paquet de 3 oz/80 g de nouilles orientales 20
19. 1 tranche de pain azyme 27

20. 8 croustilles
    tortillas ou autres
    croustilles au four avec 1 c.
    à soupe (15 ml) de salsa 12

Collations mixtes

21. ½ petite pizza à hors-d'œuvre 13
22. 1 rôtie recouverte de 1 c. à thé (5 ml) de beurre d'arachide 15
23. ½ tasse (125 ml) de fromage cottage (1 %) et ½ tomate 6
24. 1 tasse (250 ml) de tomates en conserve et 2 c. à soupe
    (30 ml) de fromage râpé 10
25. ⅔ tasse (150 ml) de céréales Cheerios et ½ tasse (125 ml)
    de lait écrémé ou 1 % 17

26. ½ tasse (125 ml) de lait 1 % avec 2 biscuits au gingembre 18

27. 8 grosses crevettes et 2 c. à soupe (30 ml) de sauce cocktail 3

28. 4 craquelins (biscuits soda) et ½ oz (15 g) d'édam 9

29. 2 craquelins de blé avec 1 c. à soupe (15 ml) de fromage à la crème léger 10

Collations à base de produits laitiers

30. 1 tasse (250 ml) de lait écrémé ou 1 % (ou de babeurre) 12

31. ¾ tasse (175 ml) de pouding léger (vous pouvez en faire une délicieuse sucette glacée) 17

32. ¾ tasse (175 ml) de yogourt faible en gras 12

Collations occasionnelles

33. 1 portion de mousse au chocolat (page 137) et ½ gaufrette 14

34. 1 carré de riz croquant à la guimauve de 3 x 2 po (7,5 x 5 cm) 21

35. 1 barre de céréales, faible en matières grasses 21

36. 1 bière légère (12 oz ou 355 ml) 5

37. 1 ½ oz (45 g) de rye, gin, rhum, scotch ou autre boisson alcoolisée (avec de l'eau ou une boisson gazeuse «diète») 0

38. 1 morceau de gâteau des anges 24

39. 2 ½ bâtons de réglisse 25

40. 10 bonbons à la gelée 26

41. 3 morceaux de chocolat (¾ oz/20 grammes au total) 13

Grosses collations

200 calories par collation
(deux collations moyennes équivalent à une grosse collation)
Les quantités de glucides totaux sont indiquées en rouge.

Collations mixtes

1. Bol de légumes et craquelins: 2 tasses (500 ml) de n'importe quel légume cru avec 3 croustipains, 2 bâtonnets de pain et 3 c. à soupe (45 ml) de trempette aux légumes (page 189) 42

2. 2 rôties avec 1 c. à thé (5 ml) de beurre ou de margarine et 2 c. à thé (10 ml) de confitures 38

3. 1 tasse (250 ml) de crème de blé chaude et ³/₄ tasse (175 ml) de lait écrémé ou 1% 36

4. 1 pointe de tarte à la citrouille sans croûte (page 177), avec 2 c. à soupe (30 ml) de garniture fouettée 33

5. 1 petit cornet garni de ³/₄ tasse (175 ml) de crème glacée légère 26

6. 1 muffin au son (page 58) et ¹/₂ oz (15 g) de fromage 29

7. 1 morceau de bannique (page 133) recouvert de 1 c. à thé (5 ml) de confitures 37

8. 16 arachides en écale 6

9. 1 tranche de pain de seigle noir (pumpernickel) avec 1 c. à thé (5 ml) de margarine et 1 ¹/₂ oz (45 g) de hareng mariné 16

10. 1 tasse (250 ml) de lait écrémé, 1% ou de babeurre et trois biscuits secs 30

11. 1 tasse (250 ml) de pouding au riz (page 129) 41

12. 1 gros épi de maïs avec 1 c. à thé (5 ml) de beurre ou margarine 40

13. 1 petite pomme de terre au four avec 1 c. à soupe (15 ml) de crème sure légère 47

14. 1 pomme au four (page 165) accompagnée de ¹/₂ oz (15 g) de fromage 32

15. 4 craquelins avec 2 grosses sardines 10

16. ¹/₂ boîte de soupe aux tomates préparée avec du lait écrémé ou 1% avec 2 craquelins (biscuits soda) 33

17. 1 tranche de pain avec 1 oz (30 g) de fromage et des asperges 16

18. 1 biscuit de blé filamenté avec ¹/₂ petite banane et ¹/₂ tasse (125 ml) de lait écrémé ou 1% 45

19. ½ bagel avec 2 c. à soupe (30 ml)
de fromage à la crème léger 27

20. Noix mélangées comme sur la photo 7

21. 16 croustilles tortillas au four avec 2 c. à soupe
(30 ml) de hoummos ou de salsa 26

22. Sandwich au jambon avec 1 oz (30 g) de jambon
(sans margarine), moutarde et laitue 30

23. 1 œuf et 1 rôtie avec 1 c. à thé (5 ml) de margarine
ou 1 c. à thé (5 ml) de confitures 20

24. 1 oz (30 g) de fromage et morceaux de fruits 24

Fruits

25. 2 fruits (une petite pomme et une poire,
par exemple) 51

26. Moitié d'un gros avocat (avec un soupçon de sauce
Worcestershire ou de jus de citron) 8

Collations occasionnelles

27. 1 beigne-gâteau 23

28. Bâtonnets au fromage (environ 25) 20

29. Croustilles (environ 18) 18

30. 1 tablette de chocolat de 1 ⅓ oz/40 g 24

Index

Suivez les Éditions de l'Homme sur le Web

Consultez notre site Internet et inscrivez-vous à l'infolettre
pour rester informé en tout temps de nos publications et
de nos concours en ligne. Et croisez aussi vos auteurs préférés
et l'équipe des Éditions de l'Homme sur nos blogues!

www.editions-homme.com

Association canadienne du Diabète:
www.diabetes.ca

Achevé d'imprimer au Canada